KB264742

요한복음에 나타난 예수님의
일곱 가지 정체성

Seven I AM's of Jesus Christ, our Lord,

in The Gospel according to John

By Rev. Dr. Loyalty Bae

엘맨

★말씀으로 엮어보는 Prologue★

Shalom! 주안에 있는 형제자매 여러분들에게 문안드립니다.
Calvary greetings to brothers and sisters in Jesus Christ,
our Lord

내가 어릴 때는 시골에서 드물게 환갑잔치가 있었습니다. 그때 동네 사람들이 하는 소리가 "그놈의 늙은이는 무슨 복을 타고 났으면 환갑까지 살아서 잔치를 한다냐?" 하면서 60세 까지 사는 것을 몹시 부러워했었습니다.

그런데 세상이 바뀌어 요사이 환갑잔치 한다면 "애들이 무슨 환갑잔치를..?" 하면서 빈성거리는 시대가 되었다. 그런데 이제 내가 나를 가만히 생각해보니 우-와!! 나는 그 범주에서는 벗어났으니 이제 할 말을 해도 되겠구나 싶어서 하나님 말씀을 근거로 이글을 쓰기 시작했습니다.

그러나 성경의 난이도는 그 해석에 있어서 나를 억눌러 주고 있었습니다. 전도서 12:12을 보면 "내 아들아 또 경계를 받으라. 여러 책을 짓는 것은 끝이 없고 많이 공부하는 것은 몸을 피곤케 하느니라.

Be warned, my son, of anything in addition to them.
Of making many books there is no end, and much study
wearies the body.라고 쓰여 있으니 어찌하오리까?

하나님이 당신의 형상대로 세상을 창조 하실 때 인간을 죽지 말고
영원히 살라고 하셨습니다. 그러나 하나님의 영이 사람에게 들어와서
생각하는 수준에 이르니 외람되게도 하나님에게 반항하여 죄를 범하고
있으니 우리들의 수명이 8-9백년으로 줄어들었습니다(창 5).

그래도 정신 못 차린 인간이 육신의 정욕과 안목의 정욕 이생의 자
랑으로 타락하여 하늘의 아들들이 땅의 여인들을 닥치는 대로 아내 삼
으니 하나님이 세상에 인간을 만들었던 것을 후회 하고 120년만 살라
고 하셨습니다. 그러니 우리들의 수명은 천수 120년입니다(창 6).

Then the Lord said, "My Spirit will not contend with[a]
humans forever, for they are mortal[corrupt]; their days
will be a hundred and twenty years" (Gn 6:3).
여호와께서 가라사대 나의 신이 영원히 사람과 함께 하지 아니하리
니 이는 그들이 육체가 됨이라 그러나 **그들의 날은 일백이십 년이 되
리라 하시니라.**

모세라는 사람 참으로 치사합니다!! 자기는 하나님이 정한 120년을
살고 우리들에게는 "인간의 연수가 칠십이요 강건하면 팔십이라도 그
연수의 자랑은 수고와 슬픔뿐이요 신속히 가니 우리가 날아가나이다"
라고 했습니다(시 90:10).
Our days may come to seventy years, or eighty, if our
strength endures; yet the best of them are but trouble
and sorrow, for they quickly pass, and we fly away
(Ps 90:10).

그것도 강건해야 80이라니 나는 앞으로 남은 십년을 어떻게 보내야 하나 하는 생각에 그동안 살아온 인생의 뒤안길을 바라보니 옛날 솔로몬의 말마따나 "헛되고 헛되며 헛되고 헛되니 모든 것이 헛되도다" (전 1:1) 하는 생각뿐입니다.

"Meaningless! Meaningless! Utterly meaningless! Everything is meaningless" (Ecc 1:1).

그러나 하나님은 거리를 시간으로 단축을 시켜서 그 옛날 우리나라 안에서 과거보러 한양천리 길을 가려면 보름이나 걸리던 길을 이제 몇 시간 거리로 만들어 놓았을 뿐만 아니라 이 땅덩어리 어디든지 하루이상 걸리지 않고 날아갈 수 있게 만들어 놓았습니다.

Modern scientific tools make the globe closer than ever......

그리하여 서로 의사소통을 못하게 흩어버린 민족과 민족들 사이를 한 곳에 모여 하나님에게 기도드릴 때는 각자 자기나라 말을 쓰는데도 서로서로 알아들을 수 있는 능력의 기적을 우리에게 허락하셨습니다 (행 2).

All of them were filled with the Holy Spirit and began to speak in other tongues as the Spirit enabled them(Act 2:4).

이 땅에는 말이 표준어만 5,000가지가 있다던데 그 말을 다하는 사람은 아무도 없으니 어차피 하나의 말로 우리가 하나님과 교통할 수 있는 길을 찾아야 할 것이니 그것이 바로 영어라는 세계 공용어인 것입니다. 살아가기 위해서도 영어는 알아야하고 배워야 합니다.

동물과 달라 사람은 외마디로 의사소통을 하지 않습니다. 그리고 창세전부터 숨어있는 하나님의 말씀을 알아내어 일점일획도 틀림없이, 그것을 믿음이 적은 자들에게 전하여 하나님의 신실한 자녀가 되려고 하려면 공용어인 영어를 배워서 가르쳐야 합니다. 그 길이 바로 영어 성경을 읽는 길입니다.

그것도 성경 말씀대로 씹어 먹어야 합니다. 성경영어를 한글과 함께 읽으면 나도 모르게 영어가 끝나게 됩니다. 영어는 암기하는 과목입니다. 당장 시작 하세요!!

"내게 이르시되 인자야 내가 네게 주는 이 두루마리로 네 배에 넣으며 네 창자에 채우라 하시기에 내가 먹으니 그것이 내 입에서 달기가 꿀 같더라" (겔 3:3)
Then he said to me, "Son of man, eat this scroll I am giving you and fill your stomach with it." So I ate it, and it tasted as sweet as honey in my mouth.

이제는 교역자들이 한국말만 가지고는 설교가 되지 않습니다. No ministers can make themselves understood in Korean alone 우리가 단일 민족 단일 민족 하지마는 현재 우리들 주위에는 벌써 백만이 넘는 외국인들이 들어와서 자리를 잡고 있는데 어떻게 한국말만 가지고 그들을 껴안아 줄 것인가요?

우리 대한민국에는 하나님 나라의 확장을 위해 주워진 지상명령이 있다는 것을 깨달아야 합니다.
We, Koreans, have received a great commandments to be a herald of the Christianity as a chosen people by the Lord God

반만년의 역사라고 하지마는 무속과 불교와 유교가 판을 쳐왔던 나라인데 그 속에 숨어있는 하나님의 섭리(계획, 뜻, 목적 God's providences namely His plan, His will and His purpose)를 모르고 살아 왔었습니다.

세계 어느 나라 애국가 가사에 "하나님이 보우하사 우리나라 만세" 라는 가사가 우리도 모르게 들어가 있으며 세계 제2의 기독교 국가가 되는데 150년도 안 되는 나라가 어디에 있단 말인가요? 그것이

하나님의 뜻이요, 계획이요, 목적이었고 오직 하나님의 은혜인 것입니다. By the grace of God

이제는 대한민국이 기독교의 종주국입니다. 노아는 셈과 함과 야벳이라는 세 아들을 두어서 그들로 생육하고 번성하라 하시더니 하나님이 이제까지 세상을 다스리시게 하시던 야벳을 창대케 하사 셈의 장막에 거하게 하시고 라고 하시면서 대한민국을 택하신 백성 선민(選民)이라는 확신을 주었습니다.
May God extend Japheth's territory; may Japheth live in the tents of Shem, and may Canaan be the slave of Japheth" (Gn 9:27).

유럽 여러 나라 교회들은 문을 닫고 우리는 이 조그마한 땅에서 미국 다음으로 많은 2만5천명의 선교사들을 세계 구석구석에 보내고 있으니 이것이 바로 택하신 민족은 이스라엘이 아니고 대한민국이라는 확신을 주신 것입니다. 성경에 나오는 동방이라는 말도 인도 시인 타골이 말하는 동방이라는 말도 모두가 우리 대한민국을 가리키는 말입니다.

"대한민국아 일어나 빛을 비추어라. 네 빛이 너에게 이르렀다. 여호와의 영광이 네 위에 떠올랐다. 밤처럼 짙은 어둠이 온 땅의 백성들을 덮을 것이나, 오직 여호와께서 네 위에 떠오르시며, 주의 영광이 네 위에 나타날 것이다(사 60:1-2)." 라고 선지자 이사야가 부르짖었습니다.
"Arise, shine, for your light has come, and the glory of the Lord rises upon you. 2 See, darkness covers the earth and thick darkness is over the peoples, but the Lord rises upon you and his glory appears over you.(Is 60:1-2)

목　차

A table of Contents

☯ 요 한 복 음 해 설 ☯

★예수님 그 분은 누구인가?★

우리들의 신앙생활에서 가장 큰 의문이 있다면 예수라는 사람 그분은 누구인가? 하는 것입니다 그분이 평범한 사람이고 석가나 공자 같은 사람이었더라면 구태여 우리가 그분에 대해서 알아볼 필요도 없을 것입니다.

그러나 그분은 본체가 하나님이시고 장사한지 사흘 만에 살아나셔서 이 땅에 육신을 남기지 않고 본향인 하늘나라로 돌아가신 분이니까 우리가 구세주로 존경과 영광을 홀로 받으시게 추대하여 찬양하고 예배 드리는 것입니다. 그분은 완전한 하나님(perfect God)이고 완전한 사람(perfect man)입니다.

☞ 그분이 하나님이라는 성경 구절 (빌 2:6-8)

6 그는 근본 하나님의 본체시나 하나님과 동등됨을 취할 것으로 여기지 아니하시고

6 Who, being in very nature God, did not consider equality with God something to be used to his own advantage;

7 오히려 자기를 비어 종의 형체를 가져 사람들과 같이 되었고

7 rather, he made himself nothing by taking the very nature of a servant, being made in human likeness.

8 사람의 모양으로 나타나셨으매 자기를 낮추시고 죽기까지 복종하셨으니 곧 십자가에 죽으심이라.

8 And being found in appearance as a man, he humbled himself by becoming **obedient to death—even death on a cross!**

☛ 모든 성경은 그분에 관한 것이라고 그분 자신이 대담하게 선포하여 바리새인과 서기관과 유대인들을 놀라게 하였습니다(요 5:39).

39 너희가 성경에서 영생을 얻는 줄 생각하고 성경을 상고하거니와 이 성경이 곧 내게 대하여 증거하는 것이로다.
39 You study the Scriptures diligently because you think that in them you have eternal life. These are the very Scriptures that testify about me(Jn 5:39).

40 그러나 너희가 영생을 얻기 위하여 내게 오기를 원하지 아니하는도다.
40 yet you refuse to come to me to have life.

☛ 하나님이 인정하는 사람의 아들이라고 선포 하셨습니다 (요 6:27).

27 썩는 양식을 위하여 일하지 말고 영생하도록 있는 양식을 위하여 하라 이 양식은 인자가 너희에게 주리니 **인자는 아버지 하나님의 인치신 자니라.**
27 Do not work for food that spoils, but for food that endures to eternal life, which the Son of Man will give you. **For on him God the Father has placed his seal of approval."**

뿐만 아니라 그분은 전지전능(全知全能) 하시고 무소부재(無所不在) 할뿐 아니라 시간(時間)과 공간(空間)을 초월 하시는 존재입니다. 쉽게 말하면 모르는 것이 없고 못하는 일이 없고 시간과 공간을 뛰어 넘는 존재라는 말입니다.

He knows everything (Omni scient) He does everything (Omni potent) He is everywhere (Omni present) and He transcends time and space

그래서 성경에 이르시기를 사람들은 자기보다 큰 자를 가리켜 맹세하나니 맹세는 저들의 **모든 다투는 것에 최후 확장이라**(히 6:16) 하였습니다. 그분이 우리 인간보다 탁월하지 않으면 그 누가 그를 믿고 따르겠습니까?

People swear by someone greater than themselves, and the oath confirms what is said and **puts an end to all argument(Heb 6:16)**

그분이 육신이 되어 이 땅에 오실 때에는 **빛으로, 생명으로** 그리고 **말씀으로** 오셔서 33년을 살아가면서 단 3년동안 **가르치고, 전도하고, 치유하시는** 세 가지 사역을 마치고 승천하신 분입니다.

천하에 범사가 기한이 있고 모든 목적을 이룰 때가 있기에(전 3)

There is a time for everything, and a season for every activity under the heavens: 그분은 30년 동안 나사렛 이라는 조그만 동네에서 아무 소리 없이 살다가 30세가 되면서 세례요한에게서 세례를 받고 공생을 시작하면서 **"나는** ××× ×××**이다 I am** ×××" 라는 식으로 자신이 누구라는 것을 공포 하셨습니다. 자신의 정체성을 온 천하에 알리셨습니다.

☛ 그분의 가르침은 모든 말씀이 비유로 되어 있어서 그 내용이 무엇인지 3년 동안 따라다니던 제자들도 무슨 말인지 모르겠다고 투덜거리었으니(요 6:60) **Many of his disciples said, "This is a hard teaching. Who can accept it?"** 하물며 우리 같은 범인들이 어찌 그 성경내용을 알겠습니까?

마 13:34-35에

34 예수께서 이 모든 것을 무리에게 비유로 말씀하시고 비유가 아니면 아무것도 말씀하지 아니하셨으니

34 Jesus spoke all these things to the crowd in parables; he did not say anything to them without using a parable.

35 이는 선지자로 말씀 하신 바 **내가 입을 열어 비유로 말하고 창세부터 감추인 것들을 드러내리라 함을 이루려 하심이니라.**

35 So was fulfilled what was spoken through the prophet: "I will open my mouth in parables, **I will utter things hidden since the creation of the world.**"

☞ **예수님의 전도방법은 특이 합니다.** 기껏 치유해서 병을 낫게 하고서 다른 사람들에게 절대로 말하지 말라고 했습니다. 역효과를 노리는 사람들은 무슨 일을 하지말라 하지말라 하면 할수록 더 잘하는 효과를 이용한 것 같습니다.

마가복음 7장 31-37에 보면 사람들이 귀가 먹고 말이 어눌한 자를 예수님에게 데리고 와서 안수하여 고치게 합니다. 그리고 그들에게 경고 하여 아무에게도 이르지 말라 하시었는데 경고하면 할수록 그들이 더욱 널리 전하더라 라고 쓰여 있습니다.

Jesus commanded them not to tell anyone. But the more he did so, the more they kept talking about it. (MK 7:36)

☞ 그분의 치유방법은 원격조정식입니다. 눅 7:1-10 에 보면 어떤 백부장의 종이 병들어 죽게 되어 유대인의 장로들을 보내어 구원을 요청 합니다.

예수님이 그 백부장 집으로 가시는데 백부장이 "주여 오시는 수고를 하지 마시옵소서. 그저 말씀만 하여 주시면 제 종이 살아나리라"

하니 예수님이 감동하여 이스라엘 중에서도 이만한 믿을 만나보지 못
하였느니라 하면서 현장에 가지 않고 원격 조정으로 치유를 합니다.

So Jesus went with them. He was not far from the house when the
centurion sent friends to say to him: "Lord, don't trouble yourself,
for I do not deserve to have you come under my roof. Lk7:6

☛ 복음서 마태(28) 마가(16) 누가(24) 요한(21) 모두 89장 중에서
84장이 그 분의 3년 동안의 사역 이야기입니다. 그리고 요한복음은 다
른 복음서와는 달리 예수님 자신이 하나님의 아들이요 하나님이 인치
하신 사람의 아들 인자(人子)라고 과감히 선포하고 자기 목소리를 높이
어 자신의 정체성을 선포한 복음서입니다.

☛ 요한복음 20:30-31에는 요한복음의 저술 목적이 있으니 사실 예
수님의 정체성 하나님의 아들 곧 그리스도임을 선포하는 내용은 20장
에서 끝나야 하는데 21장에서 제자들을 만나 자기가 떠난 다음 일을
부탁 합니다.

30 예수께서 제자들 앞에서 이 책에 기록되지 아니한 다른 표적도
많이 행하셨으나

30 Jesus performed many other signs in the presence of his
disciples, which are not recorded in this book.

31 오직 이것을 기록함은 너희로 예수께서 하나님의 아들 그리스도
이심을 믿게 하려 함이요 또 너희로 믿고 그 이름을 힘입어 생명을 얻
게 하려 함이니라.

31 But these are written that you may believe[b] that Jesus is
the Messiah, the Son of God, and that by believing you may
have life in his name.

I. 일곱 가지 정체성
Seven I AM's (Identity)

첫 번째 6:35에서

35 예수께서 가라사대 내가 곧 생명의 떡이니 내게 오는 자는 결코 주리지 아니할 터이요 나를 믿는 자는 영원히 목마르지 아니하리라.

35 Then Jesus declared, **"I am the bread of life."** Whoever comes to me will never go hungry, and whoever believes in me will never be thirsty.

두 번째 8:12에서

12 예수께서 또 일러 가라사대 나는 세상의 빛이니 나를 따르는 자는 어두움에 다니지 아니하고 생명의 빛을 얻으리라.

12 When Jesus spoke again to the people, he said, **"I am the light of the world.** Whoever follows me will never walk in darkness, but will have the light of life."

세 번째 10:7에서

7 그러므로 예수께서 다시 이르시되 내가 진실로 진실로 너희에게 말하노니 나는 양의 문이라.

7 Therefore Jesus said again, "Very truly I tell you, **I am the gate for the sheep.**

8 나보다 먼저 온 자는 다 절도요 강도니 양들이 듣지 아니하였느니라.

8 All who have come before me are thieves and robbers, but the sheep have not listened to them.

네 번째 10:11에서

11 나는 선한 목자라 선한 목자는 양들을 위하여 목숨을 버리거니와

11 "**I am the good shepherd.** The good shepherd lays down his life for the sheep.

12 삯꾼은 목자도 아니요 양도 제 양이 아니라 이리가 오는 것을 보면 양을 버리고 달아나나니 이리가 양을 늑탈하고 또 헤치느니라.

12 **The hired hand** is not the shepherd and does not own the sheep. So when he sees the wolf coming, he abandons the sheep and runs away. Then the wolf attacks the flock and scatters it.

다섯 번째 11:25에서

25 예수께서 가라사대 나는 부활이요 생명이니 나를 믿는 자는 죽어도 살겠고

25 Jesus said to her, "**I am the resurrection and the life.** The one who believes in me will live, even though they die;

26 무릇 살아서 나를 믿는 자는 영원히 죽지 아니하리니 이것을 네가 믿느냐?

26 and whoever lives by believing in me will never die. Do you believe this?”

여섯 번째 14:6에서

6 예수께서 가라사대 내가 곧 길이요 진리요 생명이니 나로 말미암지 않고는 아버지께로 올 자가 없느니라.

6 Jesus answered, **“I am the way and the truth and the life.** No one comes to the Father except through me.

마지막 일곱 번째 15:1에서

1 내가 참 포도나무요 내 아버지는 그 농부라.

1 **“I am the true vine,** and my Father is the gardener.

2 무릇 내게 있어 **과실을 맺지 아니하는** 가지는 아버지께서 이를 제해 버리시고 무릇 과실을 맺는 가지는 더 과실을 맺게 하려하여 이를 깨끗케 하시느니라.

2 He cuts off every branch in me that bears no fruit, while every branch that does bear fruit he prunes[cleans] so that it will be even more fruitful.

II. 7가지 이적과 기사
(7 Miraculous Signs and Wonders)

★ 첫 번째. 물로 포도주를 만듦 ★
Turning water into wine (2:1-11)

1 사흘 되던 날에 갈릴리 가나에 혼인이 있어 예수의 어머니도 거기
계시고

1 On the third day a wedding took place at Cana in Galilee.
Jesus' mother was there,

2 예수와 그 제자들도 혼인에 청함을 받았더니

2 and Jesus and his disciples had also been invited to the
wedding.

3 포도주가 모자란지라 예수의 어머니가 예수에게 이르되 저희에게
포도주가 없다 하니

3 When the wine was gone, Jesus' mother said to him,
"They have no more wine."

4 예수께서 가라사대 여자여 나와 무슨 상관이 있나이까? 내 때가
아직 이르지 못하였나이다.

4 "Woman, [The Greek for Woman does not denote any
disrespect.] why do you involve me?" Jesus replied. "My hour has
not yet come."

5 그 어머니가 하인들에게 이르되 너희에게 무슨 말씀을 하시든지 그대로 하라 하니라.

5 His mother said to the servants, "Do whatever he tells you."

6 거기 유대인의 결례를 따라 두 세 통 드는 돌항아리 여섯이 놓였는지라.

6 Nearby stood six stone water jars, the kind used by the Jews for ceremonial washing, each holding from twenty to thirty gallons.(Or from about 75 to about 115 liters)

7 예수께서 저희에게 이르시되 항아리에 물을 채우라 하신즉 아구까지 채우니

7 Jesus said to the servants, "Fill the jars with water" ; so they filled them to the brim.

8 이제는 떠서 연회장에게 갖다 주라 하시매 갖다 주었더니

8 Then he told them, "Now draw some out and take it to the master of the banquet." They did so,

9 and the master of the banquet tasted the water that had been turned into wine. He did not realize where it had come from, though the servants who had drawn the water knew. Then he called the bridegroom aside

9 연회장은 물로 된 포도주를 맛보고 어디서 났는지 알지 못하되 물 떠온 하인들은 알더라. 연회장이 신랑을 불러

10 and said, "Everyone brings out the choice wine first and then the cheaper wine after the guests have had too much to drink; but you have saved the best till now."

10 말하되 사람마다 먼저 좋은 포도주를 내고 취한 후에 낮은 것을 내거늘 그대는 지금까지 좋은 포도주를 두었도다 하니라.

11 What Jesus did here in Cana of Galilee was the first of the signs through which he revealed his glory; and his disciples believed in him.
11 예수께서 이 처음 표적을 갈릴리 가나에서 행하여 그 영광을 나타내시매 제자들이 그를 믿으니라.

★ 두 번째. 왕의 신하 아들 고침 ★
Healing the noble man's son (4:46-54)

46 예수께서 다시 갈릴리 가나에 이르시니 전에 물로 포도주를 만드신 곳이라 왕의 신하가 있어 그 아들이 가버나움에서 병들었더니
46 Once more he visited Cana in Galilee, where he had turned the water into wine. And there was a certain royal official whose son lay sick at Capernaum.

47 그가 예수께서 유대로부터 갈릴리에 오심을 듣고 가서 청하되 내려오셔서 내 아들의 병을 고쳐 주소서 하니 저가 거의 죽게 되었음이라.
47 When this man heard that Jesus had arrived in Galilee from Judea, he went to him and begged him to come and heal his son, who was close to death.

48 예수께서 가라사대 너희는 표적과 기사를 보지 못하면 도무지 믿지 아니하리라.
48 "Unless you people see signs and wonders," Jesus told him, "you will never believe."

49 신하가 가로되 주여 내 아이가 죽기 전에 내려오소서.

49 The royal official said, "Sir, come down before my child dies."

50 예수께서 가라사대 가라 네 아들이 살았다 하신대 그 사람이 예수의 하신 말씀을 믿고 가더니

50 "Go," Jesus replied, "your son will live." The man took Jesus at his word and departed.

51 내려가는 길에서 그 종들이 오다가 만나서 아이가 살았다 하거늘

51 While he was still on the way, his servants met him with the news that his boy was living.

52 그 낫기 시작한 때를 물은즉 어제 제 칠 시에 열기가 떨어졌나이다 하는지라.

52 When he inquired as to the time when his son got better, they said to him, "Yesterday, at one in the afternoon, the fever left him."

53 아비가 예수께서 네 아들이 살았다 말씀하신 그 때인 줄 알고 자기와 그 온 집이 다 믿으니라.

53 Then the father realized that this was the exact time at which Jesus had said to him, "Your son will live." So he and his whole household believed.

54 이것은 예수께서 유대에서 갈릴리로 오신 후 행하신 두 번째 표적이니라.

54 This was the second sign Jesus performed after coming from Judea to Galilee.

★ 세 번째. 베데스다 연못가의 38년 병자 치유 ★
Healing the man at Bethseda (5:1-10)

1 그 후에 유대인의 명절이 있어 예수께서 예루살렘에 올라가시니라.

1 Some time later, Jesus went up to Jerusalem for a feast of Jews

2 예루살렘에 있는 양문 곁에 히브리 말로 베데스다라 하는 못이 있는데 거기 행각 다섯이 있고

2 Now there is in Jerusalem near the Sheep Gate a pool, which in Aramaic is called Bethesda[a] and which is surrounded by five covered colonnades.

3 그 안에 많은 병자, 소경, 절뚝발이, 혈기 마른 자들이 누워 (물의 동함을 기다리니

3 Here a great number of disabled people used to lie—the blind, the lame, the paralyzed.

4 이는 천사가 가끔 못에 내려와 물을 동하게 하는데 동한 후에 먼저 들어가는 자는 어떤 병에 걸렸든지 낫게 됨이러라.

[4] [b] 없음

b.John 5:4 Some manuscripts include here, wholly or in part, paralyzed—and they waited for the moving of the waters. From time to time an angel of the Lord would come down and stir up the waters. The first one into the pool after each such disturbance would be cured of whatever disease they had.

5 거기 삼십팔 년 된 병자가 있더라.

5 One who was there had been an invalid for thirty—eight years.

6 예수께서 그 누운 것을 보시고 병이 벌써 오랜 줄 아시고 이르시되 네가 낫고자 하느냐?

6 When Jesus saw him lying there and learned that he had been in this condition for a long time, he asked him, "Do you want to get well?"

7 "Sir," the invalid replied, "I have no one to help me into the pool when the water is stirred. While I am trying to get in, someone else goes down ahead of me."

7 병자가 대답하되 주여 물이 동할 때에 나를 못에 넣어 줄 사람이 없어 내가 가는 동안에 다른 사람이 먼저 내려가나이다.

8 예수께서 가라사대 일어나 네 자리를 들고 걸어가라 하시니

8 Then Jesus said to him, "Get up! Pick up your mat and walk."

9 그 사람이 곧 나아서 자리를 들고 걸어가니라. 이 날은 안식일이니

9 At once the man was cured; he picked up his mat and walked. The day on which this took place was a Sabbath,

10 유대인들이 병 나은 사람에게 이르되 안식일인데 네가 자리를 들고 가는 것이 옳지 아니하니라.

★ 네 번째. 5병2어의 기사 ★
Feeding the Multitude (6:1-14)

1, Some time after this, Jesus crossed to the far shore of the Sea of Galilee (that is, the Sea of Tiberias),

1 그 후에 예수께서 갈릴리 바다 곧 디베랴 바다 건너편으로 가시매

2 and a great crowd of people followed him because they saw
the signs he had performed by healing the sick.
2 큰 무리가 따르니 이는 병인들에게 행하시는 표적을 봄이러라.

3 Then Jesus went up on a mountainside and sat down with
his disciples.
3 예수께서 산에 오르사 제자들과 함께 거기 앉으시니

4 The Jewish Passover Festival was near.
4 마침 유대인의 명절인 유월절이 가까운지라.

5 When Jesus looked up and saw a great crowd coming
toward him, he said to Philip, "Where shall we buy bread for
these people to eat?"
5 예수께서 눈을 들어 큰 무리가 자기에게로 오는 것을 보시고 빌립
에게 이르시되 우리가 어디서 떡을 사서 이 사람들로 먹게 하겠느냐
하시니

6 He asked this only to test him, for he already had in mind
what he was going to do.
6 이렇게 말씀하심은 친히 어떻게 하실 것을 아시고 빌립을 시험코
자 하심이라.

7 Philip answered him, "It would take more than half a
year's wages[a] to buy enough bread for each one to have a
bite!"
7 빌립이 대답하되 각 사람으로 조금씩 받게 할찌라도 이백 데나리
온의 떡이 부족하리이다.

8 Another of his disciples, Andrew, Simon Peter's brother, spoke up,

8 제자 중 하나 곧 시몬 베드로의 형제 안드레가 예수께 여짜오되

9 "Here is a boy with five small barley loaves and two small fish, but how far will they go among so many?"

9 여기 한 아이가 있어 보리떡 다섯 개와 물고기 두 마리를 가졌나이다. 그러나 그것이 이 많은 사람에게 얼마나 되겠삽나이까?

10 Jesus said, "Have the people sit down." There was plenty of grass in that place, and they sat down (about five thousand men were there).

10 예수께서 가라사대 이 사람들로 앉게 하라 하신대 그 곳에 잔디가 많은지라 사람들이 앉으니 수효가 오천쯤 되더라.

11 Jesus then took the loaves, gave thanks, and distributed to those who were seated as much as they wanted. He did the same with the fish.

11 예수께서 떡을 가져 축사하신 후에 앉은 자들에게 나눠 주시고 고기도 그렇게 저희의 원대로 주시다.

12 When they had all had enough to eat, he said to his disciples, "Gather the pieces that are left over. Let nothing be wasted."

12 저희가 배부른 후에 예수께서 제자들에게 이르시되 남은 조각을 거두고 버리는 것이 없게 하라 하시므로

13 So they gathered them and filled twelve baskets with the pieces of the five barley loaves left over by those who had eaten.

13 이에 거두니 보리떡 다섯 개로 먹고 남은 조각이 열두 바구니에 찼더라.

14 After the people saw the sign Jesus performed, they began to say, "Surely this is the Prophet who is to come into the world." 15 Jesus, knowing that they intended to come and make him king by force, withdrew again to a mountain by himself.

14 그 사람들이 예수의 행하신 이 표적을 보고 말하되 이는 참으로 세상에 오실 그 선지자라 하더라.

★ 다섯 번째. 물 위를 걸어가시다 ★
Walking on the water (6:15-21)

16 저물매 제자들이 바다에 내려가서
16 When evening came, his disciples went down to the lake,

17 배를 타고 바다를 건너 가버나움으로 가는데 이미 어두웠고 예수는 아직 저희에게 오시지 아니하셨더니
17 where they got into a boat and set off across the lake for Capernaum. By now it was dark, and Jesus had not yet joined them.

18 큰 바람이 불어 파도가 일어나더라.
18 A strong wind was blowing and the waters grew rough.

19 제자들이 노를 저어 십여 리쯤 가다가 예수께서 바다 위로 걸어 배에 가까이 오심을 보고 두려워하거늘
19 When they had rowed about three or four miles,[a] they saw Jesus approaching the boat, walking on the water; and they were frightened.

20 가라사대 내니 두려워 말라 하신대

20 But he said to them, "It is I; don' t be afraid."

21 이에 기뻐서 배로 영접하니 배는 곧 저희의 가려던 땅에 이르렀
더라.

21 Then they were willing to take him into the boat, and
immediately the boat reached the shore where they were
heading.

★ 여섯 번째. 날 때부터 소경된 자를 고침 ★
Jesus heals a man born blind(9:1-41)

1 예수께서 길 가실 때에 날 때부터 소경된 사람을 보신지라.

1 As he went along, he saw a man blind from birth.

2 제자들이 물어 가로되 랍비여 이 사람이 소경으로 난 것이 뉘 죄
로 인함 이오니이까 자기 이오니이까 그 부모 이오니이까?

2 His disciples asked him, "Rabbi, who sinned, this man or
his parents, that he was born blind?"

3 예수께서 대답하시되 이 사람이나 그 부모가 죄를 범한 것이 아니
라 그에게서 하나님의 하시는 일을 나타내고자 하심이니라.

3 "Neither this man nor his parents sinned," said Jesus, "but
this happened so that the works of God might be displayed in
him.

4 때가 아직 낮이매 나를 보내신 이의 일을 우리가 하여야 하리라
밤이 오리니 그 때는 아무도 일할 수 없느니라.

4 As long as it is day, we must do the works of him who
sent me. Night is coming, when no one can work.

5 내가 세상에 있는 동안에는 세상의 빛이로라.
5 While I am in the world, I am the light of the world."

6 이 말씀을 하시고 **땅에 침을 뱉어 진흙을 이겨** 그의 눈에 바르시고
6 After saying this, **he spit on the ground**, made some mud with the saliva, and put it on the man's eyes.

7 "Go," he told him, "wash in the Pool of Siloam" (this word means "Sent"). So the man went and washed, and came home seeing.
7 이르시되 **실로암 못에 가서 씻으라** 하시니(실로암은 번역하면 보냄을 받았다는 뜻이라) 이에 가서 씻고 밝은 눈으로 왔더라.

8 His neighbors and those who had formerly seen him begging asked, "Isn't this the same man who used to sit and beg?"
8 이웃 사람들과 및 전에 저가 걸인인 것을 보았던 사람들이 가로되 이는 앉아서 구걸하던 자가 아니냐?

9 Some claimed that he was. Others said, "No, he only looks like him." But he himself insisted, "I am the man."
9 혹은 그 사람이라 하며 혹은 아니라 그와 비슷하다 하거늘 제 말은 내가 그로라 하니

10 "How then were your eyes opened?" they asked.
10 저희가 묻되 그러면 네 눈이 어떻게 떠졌느냐?

11 대답하되 예수라 하는 그 사람이 진흙을 이겨 내 눈에 바르고 나더러 실로암에 가서 씻으라 하기에 가서 씻었더니 보게 되었노라.

★ 일곱 번째. 죽음에서 살아난 나사로(부활이 아님) ★
Raising of Lazarus (11:1-15)

17 예수께서 와서 보시니 나사로가 무덤에 있은 지 이미 나흘이라.

17 On his arrival, Jesus found that Lazarus had already been in the tomb for four days.

18 베다니는 예루살렘에서 가깝기가 한 오 리쯤 되매

18 Now Bethany was less than two miles[a] from Jerusalem,

19 많은 유대인이 마르다와 마리아에게 그 오라비의 일로 위문하러 왔더니

19 and many Jews had come to Martha and Mary to comfort them in the loss of their brother.

20 마르다는 예수 오신다는 말을 듣고 곧 나가 맞되 마리아는 집에 앉았더라.

20 When Martha heard that Jesus was coming, she went out to meet him, but Mary stayed at home.

21 마르다가 예수께 여짜오되 주께서 여기 계셨더면 내 오라비가 죽지 아니하였겠나이다.

21 "Lord," Martha said to Jesus, "if you had been here, my brother would not have died.

22 그러나 나는 이제라도 주께서 무엇이든지 하나님께 구하시는 것을 하나님이 주실 줄을 아나이다.

22 But I know that even now God will give you whatever you ask."

23 예수께서 가라사대 네 오라비가 다시 살리라.

23 Jesus said to her, "Your brother will rise again."

24 마르다가 가로되 마지막 날 부활에는 다시 살줄을 내가 아나이다.

24 Martha answered, "I know he will rise again in the resurrection at the last day

25 예수께서 가라사대 나는 부활이요 생명이니 나를 믿는 자는 죽어도 살겠고

25 Jesus said to her, "I am the resurrection and the life. The one who believes in me will live, even though they die;

26 무릇 살아서 나를 믿는 자는 영원히 죽지 아니하리니 이것을 네가 믿느냐?

26 and whoever lives by believing in me will never die. Do you believe this?"

Ⅲ. 십자가 위에서 하신 7가지 말씀

★ 1. 목이 마르다 (요 19:28)

28 이 후에 예수께서 모든 일이 이미 이룬 줄 아시고 성경으로 응하게 하려 하사 가라사대 **내가 목마르다 하시니**

28 Later, knowing that everything had now been finished, and so that Scripture would be fulfilled, Jesus said, "I am thirsty."

★ 2. 다 이루었다 (요 19:30)

30 예수께서 신 포도주를 받으신 후 가라사대 **다 이루었다** 하시고 머리를 숙이시고 영혼이 돌아가시니라.

30 When he had received the drink, Jesus said, "It is finished." With that, he bowed his head and gave up his spirit.

★ 3. 저희 죄를 용서 하옵소서 (눅 23:34)

34 이에 예수께서 가라사대 아버지여 저희를 사하여 주옵소서 자기의 하는 것을 알지 못함이니이다 하시더라.

34 Jesus said, "Father, forgive them, for they do not know what they are doing." [c] And they divided up his clothes by casting lots.

★ 4. 오늘 네가 나와 함께 낙원에 있으리라 (눅 23:43)

43 예수께서 이르시되 내가 진실로 네게 이르노니 오늘 네가 나와 함께 낙원에 있으리라 하시니라.

43 Jesus answered him, "Truly I tell you, today you will be with me in paradise."

★ 5. 엘리 엘리 나마 사박다니 (마 27:46)

46 제 구 시 즈음에 예수께서 크게 소리질러 가라사대 **엘리 엘리 라마 사박다니** 하시니 이는 곧 나의 하나님, 나의 하나님, 어찌하여 나를 버리셨나이까 하는 뜻이라.

46 About three in the afternoon Jesus cried out in a loud voice, "Eli, Eli,[c] lema sabachthani?" (which means "My God, my God, why have you forsaken me?").[d]

★ 6. 여자여 보소서 아들 이나이다 (요 19:26)

26 예수께서 그 모친과 사랑하시는 제자가 곁에 서 있는 것을 보시고 그 모친께 말씀하시되 **여자여 보소서 아들이니이다** 하시고

26 When Jesus saw his mother there, and the disciple whom he loved standing nearby, he said to her, "Woman,[b] here is your son,"

27 또 그 제자에게 이르시되 **보라 네 어머니라 하신대** 그 때부터 그 제자가 자기 집에 모시니라.

27 and to the disciple, "Here is your mother." From that time on, this disciple took her into his home.

★ 7. 내 영혼을 아버지께서 거두소서 (눅 23:46)

46 예수께서 큰 소리로 불러 가라사대 아버지여 내 영혼을 아버지 손에 부탁하나이다 하고 이 말씀을 하신 후 운명하시다.

46 Jesus called out with a loud voice, "Father, into your hands I commit my spirit." [e] When he had said this, he breathed his last.

IV. 7인의 간증자 Seven witnesses

The book of John was written that people might believe that Jesus Christ was God. This book brings seven witnesses to stand to prove this fact.

Here they are. Turn to the Scripture and hear each one making his or her own statement

❶ **John Baptist: This is the Son of God (1:34)**

– 세례 요한의 증언

34 내가 보고 그가 하나님의 아들이심을 증거하였노라 하니라.

❷ **Simon Peter: You are the Holy One of God (6:69)**

– 시몬 베드로의 증언

69 우리가 주는 하나님의 거룩하신 자신 줄 믿고 알았삽나이다.

❸ **Nathanael: You are the son of God (1:49)**

– 나다나엘의 증언

49 나다나엘이 대답하되 랍비여 당신은 하나님의 아들이시오. 당신은 이스라엘의 임금이로소이다.

❹ Martha: You are the Christ, the Son of God (11:27)

– 마르다의 증언

27 가로되 주여 그러하외다 주는 그리스도시요 세상에 오시는 하나님의 아들이신 줄 내가 믿나이다.

❺ Thomas: My Lord and my God (20:28))

– 도마의 증언

28 도마가 대답하여 가로되 나의 주시며 나의 하나님이시니이다.

❻ Apostle John: Jesus is the Christ the son of God (20:31)

– 사도요한의 증언

31 오직 이것을 기록함은 너희로 예수께서 하나님의 아들 그리스도이심을 믿게 하려 함이요 또 너희로 믿고 그 이름을 힘입어 생명을 얻게 하려 함이니라.

❼ Jesus himself: I am God's son (10:36)

– 예수님 자신의 증언

36 하물며 아버지께서 거룩하게 하사 세상에 보내신 자가 나는 하나님 아들이라 하는 것으로 너희가 어찌 참람하다 하느냐?

V. 다섯 가지 이적과 기사
Five Miraculous signs and wonders

Shalom, brothers and sisters Before delivering God's words, I would like to present you **a joking about time as an ilustration**

말씀 전하기 전 시간에 대한 우스갯소리 한마디 하겠습니다.

There was a man who has lived for 80 years old richly by the grace of the Lord, God and he pleaded God to allow him to live longer by suggesting he will **donate half of his** whole properties to the poor if God allowed him to live longer. God accepted his proposal and the old man opened a great party by inviting his neighbors and overjoyed himself his long life

요약 : 80까지 부자로 살았던 사람이 **더 오래 살고 싶어서** 하나님에게 간구하기를 좀 더 오래 살게 해주면 자신의 재산 절반을 바치겠다 했습니다. 하나님이 승낙하여 기쁨으로 잔치를 벌렸습니다.

그러나 그 영감은 다음날 아침에 돌아가셨습니다. 아들들이 항의를 하자 하나님은 **벧후 3:8을 인용해서 "내가 잘못 했느냐? 내가 베푼 은혜에 불평하다니"**

But. the following day, the old man died and his sons protested against God and God said to them, saying don't you know my words I have given to you in 2 pt 3:8?

With the Lord, a day is like a thousand years, and a thousand years are like a day. (2Pt 3:8)

주님에게는 하루가 천년 같고 천년이 하루 같다 (벧후 3:8).

I allowed your father to live 1000 years; am I wrong? what

do you complain against my grace?

There are more than 50 miraculous wonders and signs in the New Testament executed by our Lord Jesus Christ and his disciples, **such as miracles**, starting from the first miracle that He changed water into wine in a wedding ceremony at Canna Galilee.

In addition to this you can see feeding 5000 crowds with 5 loaves bread and 2 fishes, of healing the sick, healing the deaf mute, raising Lazarus from the dead who was in the coffin for 4 days and walking on the waters and the like.

Apart from these miraculous signs and wonders, there are five(5) **wonders** of Jesus Christ himself such as **Incarnation, transfiguration, crucifixion, resurrection and ascension** about which I will tell you verses of the Holy Bible one by one

----

◉ 성경적으로 본 사람이 세상에 태어나는 4가지 방법 ◉

How is a man born? There are 4 ways for a man to be born:

☛ 첫 번째, 흙으로 사람을 만들다. 창 2:7 (창 1:27-8)

1. Adam: Then the LORD God formed a man[**Adam**] from the dust of the ground and breathed into his nostrils the breath of life, and the man became **a living being.** (Gn 2:7)

☛ 두 번째, 아담의 갈비뼈로 여자를 만들었다.

2. Rib of Adam: Then the LORD God made a woman from the rib[**of Adam**] he had taken out of the man, and he brought her to the man. 2:22

☞ 세 번째, 남녀가 동침해서

3. Father and mother in flesh: 1 Adam[**The man**] made love to his wife Eve, and she became pregnant and gave birth to Cain. [**Cain sounds like the Hebrew for brought forth or acquired.**] "With the help of the LORD I have brought forth [Or have acquired] a man." 4:1-2

☞ 네 번째, 성령으로 동정녀에게서

4. Through the Holy Spirit: Ish 7:14 Therefore the Lord himself will give you [**The Hebrew is plural.**] a sign: The virgin [Or oung woman] will conceive and give birth to a son, and will call him Immanuel.[**Immanuel means God with us.**]

★ 1. The incident of Incarnation (Mt 1:18-24)
성육신 사건 According to Mt 1:18-24 which reads

18 This is how the birth of Jesus Christ came about: His earthly mother Mary was pledged to be married to Joseph, but before they came together, she was found to be with child through the Holy Spirit.

18 예수 그리스도의 나심은 이러하니라. 그 모친 마리아가 요셉과 정혼하고 동거하기 전에 성령으로 잉태된 것이 나타났더니

19 Because Joseph her husband was a righteous man and did not want to expose her to public disgrace, he had in mind to divorce her quietly.

19 그 남편 요셉은 의로운 사람이라 저를 드러내지 아니하고 가만히 끊고자 하여

20 But after he had considered this, an angel of the Lord appeared to him in a dream and said, **Joseph son of David**, do not be afraid to take Mary home as your wife, because what is conceived in her is from the Holy Spirit.

20 이 일을 생각할 때에 주의 사자가 현몽하여 가로되 다윗의 자손 요셉아 네 아내 마리아 데려오기를 무서워 말라 저에게 잉태된 자는 성령으로 된 것이라.

21 She will give birth to a son, and you are to give him the name Jesus,[c] because he will save his people from their sins."

21 아들을 낳으리니 이름을 예수라 하라 이는 그가 자기 백성을 저희 죄에서 구원할 자이심이라 하니라.

22 All this took place to fulfill what the Lord had said through the prophet:

22 이 모든 일의 된 것은 주께서 선지자로 하신 말씀을 이루려 하심이니 가라사대

23 "The virgin will be with child and will give birth to a son, and they will call him **Immanuel"[d]—which means,** "God with us."

23 **보라 처녀가 잉태하여 아들을 낳을 것이요** 그 이름은 임마누엘이라 하리라 하셨으니 이를 번역한즉 하나님이 우리와 함께 계시다 함이라.

24 When Joseph woke up, he did what the angel of the Lord had commanded him and took Mary home as his wife. But he had no union with her until she gave a birth to a son and Joseph gave him name Jesus

24 요셉이 잠을 깨어 일어나서 주의 사자의 분부대로 행하여 그 아내를 데려왔으나

25 아들을 낳기까지 동침치 아니하더니 낳으매 이름을 예수라 하니

★ 2. The Incident of Transfiguration
변화산 사건 Gospel of Mark 9:2-13

> But the LORD said to Samuel, "Do not consider his appearance or his height, for I have rejected him. The LORD does not look at the things people look at. People look at the outward appearance, but the LORD looks at the heart." (1Sam 16:7)
>
> 7 여호와께서 사무엘에게 이르시되 그 용모와 신장을 보지 말라 내가 이미 그를 버렸노라 나의 보는 것은 사람과 같지 아니하니 사람은 외모를 보거니와 나 여호와는 중심을 보느니라.

2 One day, Jesus took Peter, James and John with him and led them up a high mountain, where they were all alone. **There he was transfigured before them.**

2 **엿새 후에 예수께서 베드로와 야고보와 요한을** 데리시고 따로 높은 산에 올라가셨더니 저희 앞에서 변형되사

3 His clothes became dazzling white, whiter than anyone in the world could bleach them.

3 그 옷이 광채가 나며 세상에서 빨래하는 자가 그렇게 희게 할 수 없을 만큼 심히 희어졌더라.

4 And there appeared before them Elijah and Moses, who were talking with Jesus.

4 이에 **엘리야가 모세와** 함께 저희에게 나타나 예수로 더불어 말씀하거늘

5 Peter said to Jesus, "Rabbi, it is good for us to be here.
Let us put up three shelters—one for you, one for Moses and
one for Elijah."

5 베드로가 예수께 고하되 랍비여 우리가 여기 있는 것이 좋사오니
우리가 **초막 셋을 짓되** 하나는 주를 위하여, 하나는 모세를 위하여,
하나는 엘리야를 위하여 하사이다 하니

6 (He did not know what to say, they were so frightened.)

6 이는 저희가 심히 무서워하므로 저가 무슨 말을 할는지 알지 못함
이더라.

7 Then a cloud appeared and enveloped them, and a voice
came from the cloud: "This is my Son, whom I love. Listen to
him!"

7 마침 구름이 와서 저희를 덮으며 구름 속에서 소리가 나되 이는
내 **사랑하는 아들이니** 너희는 저의 말을 들으라 하는지라.

8 Suddenly, when they looked around, they no longer saw
anyone with them except Jesus Christ.

8 문득 둘러보니 아무도 보이지 아니하고 오직 예수와 자기들뿐이었
더라.

Jesus does not have the concept of time and space
because he is the God. 예수님은 시간과 공간을 초월 하시는
분이다.
he transcends time space as per Hebrew 13:8 Jesus
Christ is the same yesterday and today and forever.

9 As they were coming down the mountain, Jesus gave them orders not to tell anyone what they had seen until the Son of Man had risen from the dead.

9 저희가 산에서 내려올 때에 예수께서 경계하시되 인자가 죽은 자 가운데서 살아날 때까지는 본 것을 아무에게도 이르지 말라 하시니

10 They kept the matter to themselves, discussing what "rising from the dead" meant.

10 저희가 이 말씀을 마음에 두며 서로 문의하되 죽은 자 가운데서 살아나는 것이 무엇일까 하고

11 And they asked him, "Why do the teachers of the law say that Elijah must come first?"

11 이에 예수께 묻자와 가로되 어찌하여 서기관들이 **엘리야가 먼저 와야 하리라 하나이까?** (말 4:5)

12 Jesus replied, "To be sure, Elijah does come first, and restores all things. Why then is it written that the Son of Man must suffer much and be rejected?

12 가라사대 엘리야가 과연 먼저 와서 모든 것을 회복하거니와 어찌 인자에 대하여 기록하기를 많은 고난을 받고 멸시를 당하리라 하였느냐?

13 But I tell you, Elijah has come, and they have done to him everything they wished, just as it is written about him."

13 그러나 내가 너희에게 이르노니 엘리야가 왔으되 기록된 바와 같이 사람들이 임의로 대우하였느니라 하시니라.

★ 3. The Incident of Crucifixion
십자가 사건 (Lk 23:26-43)

☛ Mt 27:27-31 The Soldiers Mock Jesus

27 Then the governor's soldiers took Jesus into the Praetorium and gathered the whole company of soldiers around him.

27 이에 총독의 군병들이 예수를 데리고 관정 안으로 들어가서 온 군대를 그에게로 모으고

28 They stripped him and put a scarlet robe on him,

28 그의 옷을 벗기고 홍포를 입히며

29 and then twisted together a crown of thorns and set it on his head. They put a staff in his right hand. Then they knelt in front of him and mocked him. **"Hail, king of the Jews!"** they said.

29 가시 면류관을 엮어 그 머리에 씌우고 갈대를 그 오른손에 들리고 그 앞에서 무릎을 꿇고 희롱하여 가로되 유대인의 왕이여 평안할찌어다 하며

30 They spit on him, and took the staff and struck him on the head again and again.

30 그에게 침 뱉고 갈대를 빼앗아 그의 머리를 치더라.

31 After they had mocked him, they took off the robe and put his own clothes on him. Then they led him away to crucify him.

31 희롱을 다한 후 홍포를 벗기고 도로 그의 옷을 입혀 십자가에 못 박으려고 끌고 나가니라.

32 Two other men, both criminals, were also led out with him to be executed.

32 또 다른 두 행악자도 사형을 받게 되어 예수와 함께 끌려가니라.

33 When they came to the place called the Skull, there they crucified him, along with the criminals—one on his right, the other on his left.

33 해골이라 하는 곳에 이르러 거기서 예수를 십자가에 못 박고 두 행악자도 그렇게 하니 하나는 우편에, 하나는 좌편에 있더라.

34 Jesus said, "Father, forgive them, for they do not know what they are doing."[e] And they divided up his clothesby casting lots.

34 이에 예수께서 가라사대 아버지여 저희를 사하여 주옵소서. 자기의 하는 것을 알지 못함이니이다 하시더라. 저희가 그의 옷을 나눠 제비 뽑을새

35 The people stood watching, and the rulers even sneered at him. They said, "He saved others; let him save himself if he is the Christ of God, the Chosen One."

35 백성들은 서서 구경하며 관원들도 비웃어 가로되 저가 남을 구원하였으니 만일 하나님의 택하신 자 그리스도여든 자기도 구원할찌어다 하고

36. The soldiers also came up and mocked him. They offered him wine vinegar

36 군병들도 희롱하면서 나아와 신 포도주를 주며

37 and said, "If you are the king of the Jews, save yourself."
37 가로되 네가 만일 유대인의 왕이어든 네가 너를 구원하라 하더라.

38 There was a written notice above him, which read:|sc
THIS IS THE KING OF THE JEWS.
38 그의 위에 이는 유대인의 왕이라 쓴 패가 있더라.

39 One of the criminals who hung there hurled insults at him:
"Aren't you the Christ? Save yourself and us!"
39 달린 행악자 중 하나는 비방하여 가로되 네가 그리스도가 아니냐
너와 우리를 구원하라 하되

40 But the other criminal rebuked him. **"Don't you fear God,"**
he said, "since you are under the same sentence?
40 하나는 그 사람을 꾸짖어 가로되 네가 동일한 정죄를 받고서도
하나님을 두려워 아니하느냐?

41 우리는 우리의 행한 일에 상당한 보응을 받는 것이니 이에 당연하
거니와 **이 사람의 행한 것은 옳지 않은 것이 없느니라** 하고
41 We are punished justly, for we are getting what our deeds
deserve. But this man has done nothing wrong."

42 가로되 예수여 당신의 나라에 임하실 때에 나를 생각하소서 하니
42. Then he said, "Jesus, remember me when you come into
your kingdom.[f]"

43Jesus answered him, **"I tell you the truth, today you will
be with me in paradise."**
43 예수께서 이르시되 내가 진실로 네게 이르노니 오늘 네가 나와
함께 낙원에 있으리라 하시니라.

45 From noon until three in the afternoon darkness came over all the land.

★ 4. The Incident of Resurrection 부활 사건
Jesus appears to His disciples (Jn 20:19-30)

19 On the evening of that first day of the week, when the disciples were together, **with the doors locked for fear of the Jewish leaders**, Jesus came and stood among them and said, **"Peace be with you!"**

19 이날 곧 안식 후 첫날 저녁 때에 제자들이 유대인들을 두려워하여 모인 곳에 문들을 닫았더니 예수께서 오사 가운데 서서 가라사대 너희에게 평강이 있을찌어다.

20 After he said this, he showed them his hands and side. The disciples were overjoyed when they saw the Lord.

20 이 말씀을 하시고 손과 옆구리를 보이시니 제자들이 주를 보고 기뻐하더라.

21 Again Jesus said, "Peace be with you! As the Father has sent me, I am sending you."

21 예수께서 또 가라사대 너희에게 평강이 있을찌어다. 아버지께서 나를 보내신 것 같이 나도 너희를 보내노라.

22 And with that he breathed on them and said, Receive the Holy Spirit.

22 이 말씀을 하시고 저희를 향하사 숨을 내쉬며 가라사대 성령을 받으라.

23 If you forgive anyone's sins, their sins are forgiven; if you do not forgive them, they are not forgiven."

23 너희가 뉘 죄든지 사하면 사하여질 것이요 뉘 죄든지 그대로 두면 그대로 있으리라 하시니라.

☛ Jesus Appears to Thomas 예수님이 도마에게 나타나시다

24 Now Thomas (also known as Didymus[a]), one of the Twelve, was not with the disciples when Jesus came.

24 열두 제자 중에 하나인 디두모라 하는 도마는 예수 오셨을 때에 함께 있지 아니한지라.

25 So the other disciples told him, "We have seen the Lord!" But he said to them, "Unless I see the nail marks in his hands and put my finger where the nails were, and put my hand into his side, I will not believe."

25 다른 제자들이 그에게 이르되 우리가 주를 보았노라 하니 도마가 가로되 내가 그 손의 못자국을 보며 내 손가락을 그 못자국에 넣으며 내 손을 그 옆구리에 넣어 보지 않고는 믿지 아니하겠노라 하니라.

26 A week later his disciples were in the house again, and Thomas was with them. Though the doors were locked, Jesus came and stood among them and said, "Peace be with you!"

26 여드레를 지나서 제자들이 다시 집안에 있을 때에 도마도 함께 있고 문들이 닫혔는데 예수께서 오사 가운데 서서 가라사대 너희에게 평강이 있을찌어다 하시고

27 Then he said to Thomas, "Put your finger here; see my hands. Reach out your hand and put it into my side. Stop doubting and believe."

27 도마에게 이르시되 네 손가락을 이리 내밀어 내 손을 보고 네 손을 내밀어 내 옆구리에 넣어 보라 그리하고 믿음 없는 자가 되지 말고 믿는 자가 되라.

28 Thomas said to him, **"My Lord and my God!"**

28 도마가 대답하여 가로되 나의 주시며 나의 하나님이시니이다.

29 Then Jesus told him, "Because you have seen me, you have believed; blessed are those who have not seen and yet have believed."

29 예수께서 가라사대 너는 나를 본 고로 믿느냐 보지 못하고 믿는 자들은 복되도다 하시니라.

마 28:1-10

1 After the Sabbath, at dawn on the first day of the week, Mary Magdalene and the other Mary went to look at the tomb.

1 안식일이 다하여 가고 안식 후 첫날이 되려는 미명에 막달라 마리아와 다른 마리아가 무덤을 보려고 왔더니

2 There was a violent earthquake, for an angel of the Lord came down from heaven and, going to the tomb, rolled back the stone and sat on it.

2 큰 지진이 나며 주의 천사가 하늘로서 내려와 돌을 굴려 내고 그 위에 앉았는데

3 His appearance was like lightning, and his clothes were white as snow.

3 그 형상이 번개 같고 그 옷은 눈같이 희거늘

4 The guards were so afraid of him that they shook and became like dead men.

4 수직하던 자들이 저를 무서워하여 떨며 죽은 사람과 같이 되었더라.

5 The angel said to the women, "Do not be afraid, for I know that you are looking for Jesus, who was crucified.

5 천사가 여자들에게 일러 가로되 너희는 무서워 말라 십자가에 못 박히신 예수를 너희가 찾는 줄을 내가 아노라.

6 He is not here; he has risen, just as he said. Come and see the place where he lay.

6 그가 여기 계시지 않고 그의 말씀하시던 대로 살아나셨느니라. 와서 그의 누우셨던 곳을 보라.

7 Then go quickly and tell his disciples: 'He has risen from the dead and is going ahead of you into Galilee. There you will see him.' Now I have told you."

7 또 빨리 가서 그의 제자들에게 이르되 그가 죽은 자 가운데서 살아나셨고 너희보다 먼저 갈릴리로 가시나니 거기서 너희가 뵈오리라 하라 보라 내가 너희에게 일렀느니라 하거늘

8 So the women hurried away from the tomb, afraid yet filled with joy, and ran to tell his disciples.

8 그 여자들이 무서움과 큰 기쁨으로 무덤을 빨리 떠나 제자들에게 알게 하려고 달음질할새

9 Suddenly Jesus met them. "Greetings," he said. They came to him, clasped his feet and worshiped him

9 예수께서 저희를 만나 가라사대 평안하뇨 하시거늘 여자들이 나아가 그 발을 붙잡고 경배하니

10 Then Jesus said to them, "Do not be afraid. Go and tell my brothers to go to Galilee; there they will see me."

10 이에 예수께서 가라사대 무서워 말라 가서 내 형제들에게 갈릴리로 가라 하라 거기서 나를 보리라 하시니라.

★ 5. The Incident of Ascension
승천 사건 (Acts 1:3-8)

3 After his suffering, he showed himself to these men and gave many convincing proofs that he was alive. He appeared to them over a period of forty days and spoke about the kingdom of God.

3 해 받으신 후에 또한 저희에게 확실한 많은 증거로 친히 사심을 나타내사 사십 일 동안 저희에게 보이시며 하나님 나라의 일을 말씀하시니라.

4 On one occasion, while he was eating with them, he gave them this command: "Do not leave Jerusalem, but wait for the gift my Father promised, which you have heard me speak about.

4 사도와 같이 모이사 저희에게 분부하여 가라사대 예루살렘을 떠나지 말고 내게 들은 바 아버지의 약속하신 것을 기다리라.

5 For John baptized with[a] water, but in a few days you will be baptized with the Holy Spirit."

5 요한은 물로 세례를 베풀었으나 너희는 몇 날이 못되어 성령으로 세례를 받으리라 하셨느니라.

6 So when they met together, they asked him, "Lord, are you at this time going to restore the kingdom to Israel?"

6 저희가 모였을 때에 예수께 묻자와 가로되 주께서 이스라엘 나라를 회복하심이 이 때니이까 하니

7 He said to them: "It is not for you to know the times or dates the Father has set by his own authority.

7 가라사대 때와 기한은 아버지께서 자기의 권한에 두셨으니 너희의 알 바 아니요

8 But you will receive power when the Holy Spirit comes on you; and you will be my witnesses in Jerusalem, and in all Judea and Samaria, and to the ends of the earth."

8 오직 성령이 너희에게 임하시면 너희가 권능을 받고 예루살렘과 온 유대와 사마리아와 땅 끝까지 이르러 내 증인이 되리라 하시니라.

9 After he said this, he was taken up before their very eyes, and a cloud hid him from their sight.

9 이 말씀을 마치시고 저희 보는 데서 올리워 가시니 구름이 저를 가리워 보이지 않게 하더라.

Chapter 1. Gospel of John
요한복음 1장 태초의 말씀

☛ 성경에서 하나님을 말 할 때는 대문자(Capital letter)로 씁니다.

Word, God, Jesus, He, Lord, 같은 단어가 모두 하나님입니다.

이사야 9:6 이는 한 아기가 우리에게 났고 한 아들을 우리에게 주신 바 되었는데 그 어깨에는 정사를 메었고 그 이름은 기묘자라, 모사라, 전능하신 하나님이라, 영존하시는 아버지라, 평강의 왕이라 할 것임이라 할 때, 영어로는 대문자로 모두가 하나님을 나타내는 단어들입니다.

For to us a child is born, to us a son is given, and the government will be on his shoulders. And he will be called Wonderful Counselor, Mighty God, Everlasting Father, Prince of Peace.

The Word Became Flesh
말씀이 육신이 되어

1. In the beginning was the Word, and the Word was with God, and **the Word was God.**

1 태초에 말씀이 계시니라 이 말씀이 하나님과 함께 계셨으니 이 말씀은 곧 하나님이시니

2 He was with God in the beginning.

2 그가 태초에 하나님과 함께 계셨고

3 Through him all things were made; without him nothing was made that has been made.

3 만물이 그로 말미암아 지은 바 되었으니 지은 것이 하나도 그가 없이는 된 것이 없느니라.

4 In him was life, and **that life was the light of all mankind.**

4 그 안에 생명이 있었으니 이 생명은 사람들의 빛이라.

5 The light shines in the darkness, and the darkness has not overcome(Or understood) it.

5 빛이 어두움에 비취되 어두움이 깨닫지 못하더라.

6 There was a man sent from God whose name was John.

6 하나님께로서 보내심을 받은 사람이 났으니 **이름은 요한이라.**

7 He came as a witness to testify concerning that light, so that through him all might believe.

7 저가 증거하러 왔으니 곧 빛에 대하여 증거하고 모든 사람으로 자기를 인하여 믿게 하려 함이라.

태초에(In the beginning)라는 말은 새로운 창조의 의미로 창세기 1:1에 나오는 말로 새로운 창조를 의미하여(Creation retold): In the beginning, God created the heavens and the earth. 쌍벽을 이룬다.

Through the inspiration of the Holy Spirit, the Apostle John chooses these words to open his gospel account
(성령의 영감을 통해서 세례요한은 이 복음서 이야기를 시작함으로 이 말 태초에를 쓴 것입니다. 태초에 라는 말은 성경에서 창 1:1, 요 1:1, 요일 1:1 세 번 나온다.)

John wants to make clear that the story of Jesus does not begin in the New Testament; rather the Word was there in the beginning
요한은 예수님의 이야기가 신약에 있는 것이 아니고 오히려 **말씀**(Words 대문자 하나님의 뜻)으로 태초부터 있었다는 표현을 하고 싶었던 것입니다.

John boldly proclaims that Jesus was there from the start. and with God, created all things 그래서 요한은 예수님이 태초부터 계셨었던 분이라는 사실을 과감하게 선포를 한 것입니다.

8 He himself was not the light; he came only as a witness to the light.
8 그는 이 빛이 아니요 이 빛에 대하여 증거하러 온 자라.

9 The true light that gives light to everyone was coming into the world.
9 참 빛 곧 세상에 와서 각 사람에게 비취는 빛이 있었나니

10 He was in the world, and though the world was made through him, the world did not recognize him.

10 그가 세상에 계셨으며 세상은 그로 말미암아 지은 바 되었으되 세상이 **그를 알지 못하였고**

11 He came to that which was his own, but his own did not receive him.

11 자기 땅에 오매 자기 백성이 영접지 아니하였으나

6-8절은 요한이 증인(witness)으로 등장합니다.

From the wide angle lens of creation, the Apostle turns to next focus in on one man, John the Baptist, who was sent by God.

창조에 대한 광범위한 초점으로 볼 때 **세례 요한은 하나님이 보** 낸 사람이다.

No mention is made of Abraham, Moses, David. Just a man named John sent by God. The point is that Jesus is on center stage, all things came from Him and the spotlight sgifts to Him

다른 사람의 이름은 거론 하지 않고 오직 요한만이 증인이라 예 수님은 모든 것을 청조 하신분이라는 뜻입니다.

John's purpose was to serve as a witness to testify about the Light

요한의 목적은 빛에 대해서 증거하는 간증뿐이다.

A letter to God

Father, Son, and Holy Spirit, thank You for creating the world, including me. Thank you for the love that You have poured out on me. Help me to love others with Your love In Jesus name I pray Amen

하나님께 보내는 편지(오늘의 기도라는 표현입니다)

성부와 성자 성령의 하나님 나를 포함한 세상을 창조하여 주셔서 감사합니다. 또 나에게 부어주신 사랑에 감사드립니다. 그 사랑으로 다른 사라들을 사랑하게 하여 주소서.

예수님 이름으로 기도 합니다. 아멘

----

12 Yet to all who did receive him, to those who believed in his name, he gave the right to become children of God

12 영접하는 자 곧 그 이름을 믿는 자들에게는 하나님의 자녀가 되는 권세를 주셨으니

13 children born not of natural descent, nor of human decision or a husband's will, but born of God.

13 **이는 혈통으로나 육정으로나 사람의 뜻으로 나지 아니하고** 오직 하나님께로서 난 자들이니라.

14 The Word became flesh and made his dwelling among us. We have seen his glory, the glory of the one and only Son, who came from the Father, full of grace and truth.

14 말씀이 육신이 되어 우리 가운데 거하시매 우리가 그 영광을 보니 아버지의 독생자의 영광이요 은혜와 진리가 충만하더라.

15 John testified concerning him. He cried out, saying, "This is the one I spoke about when I said, 'He who comes after me has surpassed me **because he was before me**."

15 요한이 그에 대하여 증거하여 외쳐 가로되 내가 전에 말하기를 내 뒤에 오시는 이가 나보다 앞선 것은 **나보다 먼저 계심이니라** 한 것이 이 사람을 가리킴이라 하니라.

16 Out of his fullness we have all received **grace in place of grace already given.**

　16 우리가 다 그의 충만한 데서 받으니 **은혜 위에 은혜로다.**

17 For the law was given through Moses; grace and truth came through Jesus Christ.

　17 율법은 모세로 말미암아 주신 것이요 **은혜와 진리는 예수 그리스도로 말미암아** 온 것이라.

18 No one has ever seen God, but the one and only Son, who is himself God and the One[**Some manuscripts but the only Son, who)** is in closest relationship with the Father, has made him known.

18 본래 하나님을 본 사람이 없으되 아버지 품속에 있는 독생하신 하나님이 나타 내셨느니라.

☞ John the Baptist Denies Being the Messiah
세례요한이 메시아가 아니라고 했음

19 Now this was John's testimony when the Jewish leaders[c] in Jerusalem sent priests and Levites to ask him who he was.

19 유대인들이 예루살렘에서 제사장들과 레위인들을 요한에게 보내어 네가 **누구냐 물을 때에 요한의 증거가 이러하니라.**

20 He did not fail to confess, but confessed freely, "I am not the Messiah."

20 요한이 드러내어 말하고 숨기지 아니하니 드러내어 하는 말이 나는 그리스도가 아니라 한대

21 They asked him, "Then who are you? Are you Elijah?" He said, "I am not." "Are you the Prophet?" He answered, "No."

21 또 묻되 그러면 무엇, 네가 엘리야냐 가로되 나는 **"아니라"** 또 묻되 네가 **그 선지자냐 대답하되 "아니라"**

☞ **말씀이 육신이 되어 (14-18) Word made flesh**

In the Old Testament, God's presence and glory appeared most marvelously in the temple of Jerusalem

구약에서 하나님의 임재와 영광이 나타난 곳은 대부분 예루살렘 성전이었습니다.

With the coming of Jesus, God's presence moved from a place to a person

예수님이 오심으로 그 하나님의 **임재는 사람으로 옮기어 졌습니다.**

Real human arms extended a divine embrace for the prodigal sons and daughters who would leave the pigpen of their lives for the banquet of God's generosity

진정한 인간의 팔이 **탕자들의 돼지우리 같은 생활을 떠나서** 성스럽게 껴안음을 벌리어 하나님의 자비로운 잔치에 들어갔습니다.

The Word became flesh, God came near. We were lost in sin, but now are **in the fullness of grace and truth**

말씀이 육신이 되어 하나님이 우리에게 가까워졌으니 우리가 죄악에서 버림받았지만 지금은 **우리에게 은혜와 진리가 충만하게 됐습니다.**

22 Finally they said, "Who are you? Give us an answer to take back to those who sent us. What do you say about yourself?"

22 또 말하되 누구냐 우리를 보낸 이들에게 대답하게 하라 너는 네게 대하여 무엇이라 하느냐?

23 John replied in the words of Isaiah the prophet, "I am the voice of one calling in the wilderness, 'Make straight the way for the Lord.' "

23 가로되 나는 선지자 이사야의 말과 같이 주의 길을 곧게 하라고 광야에서 외치는 자의 소리로라 하니라.

☛ Who am I? 나는 누구 인가? (19-23) 정체성

In a world that constantly tries to tell us **who I am, it takes a very** grounded and bold person to be able to discern and acknowledge the validity of these labels

세상을 살아가면서 계속해서 우리들에게는 나는 누구인가? 하는 의문을 가지게 하고 그것이 **자기자신의 가치를 구별하고 알게 하는 대담한 사람**으로 만드는 것입니다.

When John Baptist came on the scene, people were calling him the Christ, Elijah, a prophet- and anyone if less character and more ambition mat have conceded

세례요한이 현장에서 많은 사람들이 **그를 구세주다, 엘리야다.** 선지자라고 할 때 덜된 사람이라면 큰 욕망이 일어났을 것입니다.

John, however, knew who he was. He was the voice making the wat for someone who is greater than he

그러나 요한은 자기가 누구인지를 알고 있었습니다. 자기는 자기보다 더 **큰 사람**을 위해 길을 닦아야 하는 소리를 만드는 사람인 것을 알았습니다.

He did not need or desire the accolade of his peers. He wasn't confused as to who he was and wasn't tempted to be someone else.

그는 동료들의 환호에도 요동 하지 않 했고 **큰 사람이 되려는 유혹**도 당하지 아니 했습니다.

24 Now the Pharisees who had been sent.

24 저희는 바리새인들에게서 보낸 자라.

25 questioned him, "Why then do you baptize if you are not
the Messiah, nor Elijah, nor the Prophet?"

25 또 물어 가로되 네가 만일 그리스도도 아니요 엘리야도 아니요
그 선지자도 아닐찐대 **어찌하여 세례를 주느냐?**

26 **"I baptize with[e] water,"** John replied, "but among you
stands one you do not know.

26 요한이 대답하되 **나는 물로 세례를 주거니와** 너희 가운데 너희가
알지 못하는 한 사람이 섰으니

27 He is the one who comes after me, **the straps of whose
sandals I am not worthy to untie."**

27 곧 내 뒤에 오시는 그이라 **나는 그의 신들메 풀기도 감당치 못하
겠노라 하더라.**

28 This all happened at Bethany on the other side of the
Jordan, where John was baptizing.

28 이 일은 요한의 세례 주던 곳 요단 강 건너편 베다니에서 된 일
이니라.

☛ 내가 왜 여기에 있나요? (24-28) Why am I here 정체성

Because John knew who he was, he had a clear purpose in life. On the most general level, he was created to worship the God We are created to worship the God

요한은 자기가 누구인지 알았으므로 그 인생의 분명한 목적을 알고 하나님을 경배하기위해자기가 창조됨을 알았습니다.

John worshipped as he prepared the way by telling people about **the Christ that was to come,** He was getting people ready for the First coming of the Messiah

요한은 사람들에게 **앞으로 오실 그리스도에** 대한 말을 하고 구세주의 초림에 대한 준비를 하게 하였습니다.

A letter to God 오늘의 기도

Gracious God, thank You for being my Father. Thank you for calling me Your own child. Help me grow daily as I learn more about You and how You make me. Show me and guide me in this life. In Christ name, I pray Amen

하나님에게 기도

은혜로우신 하나님 나의 하나님 아버지가 되어 주셔서 감사 합니다 하나님의 자녀로 불러주셔서 감사합니다. 하나님에 대하여 더 많이 배울 수 있도록 도와주소서. 이 세상 살아가는 길을 보여주시고 인도하여 주소서.

우리 주 예수 그리스도의 이름으로 기도 드렸나이다. 아멘

★ John Testifies About Jesus
요한이 예수님을 간증

29 The next day John saw Jesus coming toward him and said,
"Look, the Lamb of God, who takes away the sin of the world!
29 이튿날 요한이 예수께서 자기에게 나아오심을 보고 가로되 **보라
세상 죄를 지고 가는 하나님의 어린 양이로다.**

30 This is the one I meant when I said, 'A man who comes
after me has surpassed me because he was before me.'
30 내가 전에 말하기를 내 뒤에 오는 사람이 있는데 나보다 앞선 것
은 그가 나보다 먼저 계심이라 한 것이 이 사람을 가리킴이라.

31 I myself did not know him, but the reason I came baptizing
with water was that he might be revealed to Israel."
31 **나도 그를 알지 못하였으나** 내가 와서 물로 세례를 주는 것은 그
를 이스라엘에게 나타내려 함이라 하니라.

32 Then John gave this testimony: "I saw the Spirit come
down from heaven as a dove and remain on him.
32 **요한이 또 증거하여 가로되** 내가 보매 성령이 비둘기같이 하늘로
서 내려와서 그의 위에 머물렀더라.

33 And I myself did not know him, but the one who sent me
to baptize with water told me, 'The man on whom you see the
Spirit come down and remain is the one who will baptize with
the Holy Spirit.'
33 나도 그를 알지 못하였으나 나를 보내어 물로 세례를 주라 하신
그이가 나에게 말씀하시되 성령이 내려서 누구 위에든지 머무는 것을
보거든 그가 곧 성령으로 세례를 주는 이인 줄 알라 하셨기에

34 I have seen and I testify that this is God's Chosen One."

34 내가 보고 그가 하나님의 아들이심을 증거하였노라 하니라.

> ☛ **Recognizing Christ (29-34) 구세주를 인식하기**
>
> Religious leaders who had made it their living to study Scripture and be on the look out for Christ did not recognize Him
> 성경연구를 그들의 생활로 하고 구세주를 기다리는 종교 지도자들이나 율법 학자들은 **예수님을 인정하지 아니 했었습니다.**
>
> The Gospels tell a story of a blind man who cries out "**Jesus, Son of David, have mercy on me (Lk 18)** In this passage John points to an approaching man and truthfully calls Him **"the Lamb of God"**
> 그러나 복음서에는 눈먼 맹인이 "다윗의 자손 예수여 나를 불쌍히 여기소서" 하면서 소리 지르고 본문에서 요한은 자기에게 다가오는 사람을 보고 **"하나님의 어린 양"** 이라고 합니다.
>
> Both recognize Jesus as the Christ because of spiritual insight not physical sight
> 이 두 사람은 예수를 구세주로 본 것은 **육안으로 본 것이 아니고 영안의 통찰력**으로 본 것입니다.
>
> It is this sense that we must hone and cultivate if we are to see Christ in this world.
> 이런 의미에서 우리가 예수님을 이 세상에서 볼 때는 우리들이 자신을 **숫돌로 갈아서 다시 만들어야 합니다.**

★ John's Disciples Follow Jesus
요한의 제자들이 예수를 따라가다

35 The next day John was there again with two of his disciples.
35 또 이튿날 요한이 자기 제자 중 두 **사람과 함께 섰다가**

36 When he saw Jesus passing by, he said, "Look, the Lamb of God!"
36 예수의 다니심을 보고 말하되 보라 **하나님의 어린양이로다.**

37 When the two disciples heard him say this, they followed Jesus.
37 두 제자가 그의 말을 듣고 예수를 좇거늘

38 Turning around, Jesus saw them following and asked, "What do you want?" They said, "Rabbi" (which means "Teacher"), "where are you staying?"
38 예수께서 돌이켜 그 좇는 것을 보시고 물어 가라사대 무엇을 구하느냐 가로되 **랍비여 어디 계시오니이까** 하니 (랍비는 번역하면 선생이라)

39 "Come," he replied, **"and you will see."** So they went and saw where he was staying, and they spent that day with him. It was about four in the afternoon.
39 예수께서 가라사대 **와 보라** 그러므로 저희가 가서 계신 데를 보고 그 날 함께 거하니 때가 제 십 시쯤 되었더라.

40 Andrew, Simon Peter's brother, was one of the two who heard what John had said and who had followed Jesus.
40 요한의 말을 듣고 예수를 좇는 두 사람 중에 하나는 **시몬 베드로의 형제 안드레라.**

41 The first thing Andrew did was to find his brother Simon and tell him, "We have found the Messiah" (that is, the Christ).

41 그가 먼저 자기의 형제 시몬을 찾아 말하되 우리가 메시야를 만났다 하고 (메시야는 번역하면 그리스도라)

42 And he brought him to Jesus. Jesus looked at him and said, **"You are Simon son of John. You will be called Cephas"** (which, when translated, is Peter[g]).

42 데리고 예수께로 오니 예수께서 보시고 가라사대 네가 요한의 아들 시몬이니 장차 게바라 하리라 하시니라. (게바는 번역하면 베드로라)

☛ Finding God (35-42) 하나님을 찾아냈다

Andrew says an interesting comment to his brother when he claims. **"We have found Messiah"** This is a huge claim! The Christ, the Savior that they had been waiting for has finally come and Andrew has found Him

안드레는 그 형에게 매우 흥미로운 표현의 말을 한다. **"우리가 구세주를 찾았다"** 이 얼마나 엄청난 주장인가! 그들이 그렇게 기다려 왔던 구세주가 마침내 오셨으니 안드레가 찾아낸 것입니다.

What does it mean to find God? Was He lost? He lost His way? Of course not! In hundreds of years during which God seemed so silent and absent, God had been lost to the Jews. They had forgotten Him. But now He was here

하나님을 찾아냈다는 말이 무슨 뜻인가? 하나님이 길을 잃어 버렸나요? 물론 아니지요 수백년 동안 침묵을 지켜왔으니 유대인들에게는 잃어버린 것입니다. 잊고 있었던 구세주가 여기에 온 것입니다.

★ Jesus Calls Philip and Nathanael
빌립과 나다나엘을 부르심

43 The next day Jesus decided to leave for Galilee. Finding Philip, he said to him, "Follow me."

43 이튿날 예수께서 갈릴리로 나가려 하시다가 빌립을 만나 이르시되 나를 좇으라 하시니

44 Philip, like Andrew and Peter, was from the town of Bethsaida.

44 빌립은 안드레와 베드로와 한 동네 벳새다 사람이라.

45 Philip found Nathanael and told him, "We have found the one Moses wrote about in the Law, and about whom the prophets also wrote—Jesus of Nazareth, the son of Joseph."

45 빌립이 나다나엘을 찾아 이르되 모세가 율법에 기록하였고 여러 선지자가 기록한 그이를 우리가 만났으니 요셉의 아들 나사렛 예수니라.

46 "Nazareth! Can anything good come from there?" Nathanael asked. " come and see" said Philip.

46 나다나엘이 가로되 **나사렛에서 무슨 선한 것이 날 수 있느냐** 빌립이 가로되 와 보라 하니라.

47 When Jesus saw Nathanael approaching, he said of him, "Here truly is an Israelite in whom there is no deceit."

47 예수께서 나다나엘이 자기에게 오는 것을 보시고 그를 가리켜 가라사대 보라 이는 참 이스라엘 사람이라 그 속에 간사한 것이 없도다.

☛ Made in Nazareth (43-46) 나사렛 출신 :
어찌 나사렛 같은 곳에서 구세주가 나오느냐?

We are prejudicial and judgmental by nature : we consistently assume things about people and the disciples were no different.
우리는 **천성적으로 편견이니 자기 판단의 기질을** 가지고 있다. 다시 말해서 어떤 사건이나 사람에 대해서 계속적인 생각에 잠겨 있으니 제자들이라고 다를바 없다.

The Jewish expectation of the Messiah had created an illusion of what the Christ was supposed to be
유대인들의 구세주에 대한 기대는 그리스도가 어떻게 생겼을까 하는 환상을 만들어 냈습니다.

Their preconceived notions of God were foolish and misguided. In actuality, that the Christ comes from Nazareth makes sense purely because we would't think of it
하나님에 대한 그들의 선입견은 바보스럽고 잘못 인도 되어진 것이었습니다. 사실 그리스도가 나사렛에서 나온다는 것은 우리가 그렇게 생각 하지 아니했기 때문입니다.

Consider this- when we create our own ideas of what Christ ought to be like, we create Him according to the image in our head and out of expectations .
이 문제를 생각해 보세요 - 우리가 우리들 자신의 생각으로 예수님을 그려보면 우리들 자신의 머리와 기대에 어긋나는 상상으로 그분을 그려낼 것입니다.

48 "How do you know me?" Nathanael asked. Jesus answered, "I saw you while you were still under the fig tree before Philip called you."

48 나다나엘이 가로되 어떻게 나를 아시나이까? 예수께서 대답하여 가라사대 빌립이 너를 부르기 전에 네가 무화과나무 아래 있을 때에 보았노라.

49 Then Nathanael declared, "Rabbi, you are the Son of God; you are the king of Israel."

49 나다나엘이 대답하되 **랍비여 당신은 하나님의 아들이시요** 당신은 이스라엘의 임금이로소이다.

50 Jesus said, "You believe[h] because I told you I saw you under the fig tree. **You will see greater things than that.**"

50 예수께서 대답하여 가라사대 내가 너를 무화과나무 아래서 보았다 하므로 믿느냐 이보다 더 큰 일을 보리라.

51 He then added, "Very truly I tell you,[i] you[j] will see 'heaven open, and the angels of God ascending and descending on' [k] the Son of Man."

51 또 가라사대 진실로 진실로 너희에게 이르노니 하늘이 열리고 하나님의 사자들이 인자 위에 오르락내리락하는 것을 보리라 하시니라.

===

A letter to God

Dear God You are beautiful beyond description and Your ways are not our ways. Help us in your goodness and love. Give the boldness to live in Your love all the days of our lives. In Jesus name I pray Amen

존경하는 하나님 당신은 말할 수 없이 아름다우며 당신의 방법은 우리들의 방법과는 다릅니다. 당신의 건하심과 사랑 가운데 우리를 도우소서. 당신의 사랑안에서 우리의 일생을 살아가게 하소서.

예수님 이름으로 기도 합니다.   아멘

☞ An Exposing Encounter (47-51) 들어난 만남

Nathanael is quite taken aback by the way Jesus speaks to him: full of authority and familarity. It's as if this man —whom he has just met— knows more about him than he does!

나다나엘은 예수님이 저기에게 하는 말을 듣고, 즉 그분의 권위와 친숙함에 몹시 당황 하였습니다. 그것은 방금 만났던 그분이 마치 자기가 한 일을 자기 자신이 자기를 아는 것보다 더 자기를 아는 것 같아서 당황한 것입니다.

The way Jesus looks right through him and into his heart- the way He is able to see the beyond the physical- makes Nathanael feel completely exposed and naked,

예수님이 자기를 통해서 자기 마음속을 똑바로 아는 그 방법이 그분이 자기의 **육체적인 것을 알 수 있는 그 방법이 나다나엘을 완전히 들어내어** 벗기게 한 것입니다.

He can not hide anything from Him It's this realization that draws out the response and confession **"Rabbi you are the Son of God"** who else can in one glance, see everything clearly —truths and lies, insecurities and facades?

Chapter 2. Gospel of John
요한복음 2장 첫 번째 기사

★ Jesus Changes Water Into Wine ★
물을 포도주로 만든다.

1 On the third day a wedding took place at Cana in Galilee. Jesus' mother was there,

1 사흘 되던 날에 갈릴리 가나에 혼인이 있어 예수의 어머니도 거기 계시고

2 and Jesus and his disciples had also been invited to the wedding.

2 예수와 그 제자들도 혼인에 청함을 받았더니

3 When the wine was gone, Jesus' mother said to him, "They have no more wine."

3 포도주가 모자란지라 예수의 어머니가 예수에게 이르되 저희에게 포도주가 없다 하니

4 "Woman,[a] why do you involve me?" Jesus replied. "My hour has not yet come."

4 예수께서 가라사대 여자여 나와 무슨 상관이 있나이까? 내 때가 아직 이르지 못하였나이다.

5 His mother said to the servants, **"Do whatever he tells you."**

5 그 어머니가 하인들에게 이르되 너희에게 무슨 말씀을 하시든지 그대로 하라 하니라.

6 Nearby stood six stone water jars, the kind used by the Jews for ceremonial washing, each holding from twenty to thirty gallons.**[Or from about 75 to about 115 liters]**

6 거기 유대인의 결례를 따라 두 세 통 드는 돌항아리 여섯이 놓였는지라.

7 Jesus said to the servants, **"Fill the jars with water"** ; so they filled them to the brim.

7 예수께서 저희에게 이르시되 항아리에 물을 채우라 하신즉 아구까지 채우니

8 Then he told them, "Now draw some out and take it to the master of the banquet." They did so,

8 이제는 떠서 연회장에게 갖다 주라 하시매 갖다 주었더니

9 and the master of the banquet tasted the water that had been turned into wine. He did not realize where it had come from, though the servants who had drawn the water knew. Then he called the bridegroom aside

9 연회장은 물로 된 포도주를 맛보고 어디서 났는지 알지 못하되 물 떠온 하인들은 알더라. **연회장이 신랑을 불러**

10 and said, **"Everyone brings out the choice wine first and then the** cheaper wine after the guests have had too much to drink; but you have saved the best till now."

10 말하되 사람마다 먼저 좋은 포도주를 내고 취한 후에 낮은 것을 내거늘 그대는 지금까지 좋은 포도주를 두었도다 하니라.

11 What Jesus did here in Cana of Galilee was the first of the signs through which he revealed his glory; and his disciples believed in him.

11 예수께서 **이 처음 표적을** 갈릴리 가나에서 행하여 그 영광을 나타내시매 제자들이 그를 믿으니라.

12 After this he went down to Capernaum with his mother and brothers and his disciples. **There they stayed for a few days.**

12 그 후에 예수께서 그 어머니와 형제들과 제자들과 함께 가버나움으로 내려가 거기 여러 날 계시지 아니 하시니라.

Do what He says (그가 말하는 대로 하라) 5-12

Mary and Jesus have a special relationship as earthly mother and son but also Savior and sinner. She knows His heart and character as a mother knows her own son

마리아와 예수는 특별한 관계입니다. 지상의 어머니와 아들 그리고 구세주와 죄인의 관계이지만 **보통 사람들 모자지간 같이 예수님에게 잘 압니다.**

And so in the discreet back room of empty jars of wine, Mary instruct servants to do exactly as Jesus says. There's such deep faith in Mary's request-it is the faith of the bleeding woman, the centurion and the man born blind

마리아는 하인들에게 예수가 지시하는 **그대로 하라고 일러둡니다.** 이것이 진정한 믿음으로 혈루병 여인이나 백부장의 믿음이나 날 때부터 맹인 된 자의 믿음과 같은 것입니다.

A letter to God

Gracious God, we ask that we might know You more. Inspire us more faith and make us into people of faith who are uncompromising in our devotion and compassion for the things You love. In Jesus name I pray Amen

하나님께 드리는 편지

은혜로우신 하나님 우리가 하나님을 더 알게 되도록 간구 합니다. 더 많은 믿음의 영을 부어 주시고 헌물에 타협함이 없는 믿음의 백성이 되게 하여 하나님이 사랑하는 모든 것에 연민을 갖게 하소서.

예수님의 이름으로 기도 합니다. 아멘

☛ 성전을 청소하다 Jesus Clears the Temple Courts

13 When it was almost time for the Jewish Passover, Jesus went up to Jerusalem.

13 유대인의 유월절이 가까운지라 예수께서 **예루살렘으로 올라가셨더니**

14 In the temple courts he found people selling cattle, sheep and doves, and others sitting at tables exchanging money.

14 성전 안에서 소와 양과 비둘기 파는 사람들과 돈 바꾸는 사람들의 앉은 것을 보시고

15 So he made a whip out of cords, and drove all from the temple courts, both sheep and cattle; he scattered the coins of the money changers and overturned their tables.

15 노끈으로 채찍을 만드사 양이나 소를 다 성전에서 내어 쫓으시고 돈 바꾸는 사람들의 **돈을 쏟으시며** 상을 엎으시고

16 To those who sold doves he said, "Get these out of here! Stop turning my Father's house into a market!"

16 비둘기 파는 사람들에게 이르시되 이것을 여기서 가져가라 내 아버지의 집으로 **장사하는 집을 만들지 말라 하시니**

17 His disciples remembered that it is written: "Zeal for your house will consume me." [Psalm 69:9]

17 제자들이 성경 말씀에 **주의 전을 사모하는 열심이 나를 삼키리라** 한 것을 기억하더라.

18 The Jews then responded to him, "What sign can you show us to prove your authority to do all this?"

18 이에 유대인들이 대답하여 예수께 말하기를 네가 이런 일을 행하니 무슨 **표적을 우리에게 보이겠느냐** 하고

19 Jesus answered them, "Destroy this temple, and I will raise it again in three days."

19 예수께서 대답하여 가라사대 너희가 이 성전을 헐라 **내가 사흘 동안에 일으키리라.**

20 They replied, **"It has taken forty-six years** to build this temple, and you are going to raise it in three days?"

20 유대인들이 가로되 이 성전은 **사십육 년 동안에 지었거늘** 네가 삼 일 동안에 일으키겠느뇨 하더라.

21 But the temple he had spoken of was his body.

21 그러나 예수는 성전된 자기 **육체를 가리켜 말씀**하신 것이라.

22 After he was raised from the dead, his disciples recalled what he had said. Then they believed the scripture and the words that Jesus had spoken.
22 죽은 자 가운데서 살아나신 후에야 제자들이 이 말씀하신 것을 기억하고 성경과 및 예수의 하신 말씀을 믿었더라.

23 Now while he was in Jerusalem at the Passover Festival, many people saw the signs he was performing and believed in his name.[d]

23 유월절에 예수께서 예루살렘에 계시니 많은 사람이 그 행하시는 표적을 보고 그 이름을 믿었으나

24 But Jesus would not entrust himself to them, for he knew all people.

24 **예수는 그 몸을 저희에게 의탁지 아니하셨으니** 이는 친히 모든 사람을 아심이요.

25 He did not need any testimony about mankind, for he knew what was in each person.

25 또 친히 사람의 속에 있는 것을 아시므로 **사람에 대하여 아무의 증거도** 받으실 필요가 없음이니라.

☞ The true temple (18-25) 진실한 성전

Jesus' Temple outburst, however righteous, caused uproar among the Jewish leaders.

예수님의 성전 청소 분출은 비록 그것이 의로운 일이라 하지만 유대인의 지도자들에게는 **큰 소동이었습니다.**

From theirs eyes, He was just a man who had gone way above His authority and certainly acted **outside of social norm.**

그들의 눈에는 예수님이 사회적인 규범에 어긋나는 행동으로 하나님의 권세를 무시하는 난동으로 보는 것이었습니다.

He was blaspheming against the temple tradition and claiming incredible power by stating that He could rebuild the Temple again in three days.

예수님의 **성전 재건축 언동과 믿을 수 없는 권세의 주장은** 성전의 전통에 위배되는 신성 모독이라는 것입니다.

In verse 22, we are let in on the fact that Jesus was, of course, referring to His body as being the true Temple

그러나 22절의 말씀은 예수님 자신의 육신이 **진정한 참 성전임을** 의미합니다.

Chapter 3. Gospel of John
요한복음 3장 거듭나야 하느니라

☛ 예수님이 공생을 시작하여 이적과 기사를 보이실 때 유대인과 바리새인들도 말은 안 했어도 예수님이 보통 사람이 아니라는 것을 알고 있었습니다. 그중 한사람이 바로 니고데모입니다. 그가 예수님의 말씀을 못 알아듣는 것은 본장 **31절 하늘의 사람과 땅의 사람 차이라는 것입니다.**

31 위로부터 오시는 이는 만물 위에 계시고 땅에서 난 이는 땅에 속하여 땅에 속한 것을 말하느니라. **하늘로서 오시는 이는 만물 위에 계시나니...그가 그가 보고들은 것을 증거 하되 그 증거를 받는 이가 없더라.**

31 The one who comes from above is above all; the one who is from the earth belongs to the earth, and speaks as one from the earth. **The one who comes from heaven is above all.**

☛ 니고데모와 아리마데 요셉 그리고 어떤 백부장은 예수님의 장례식에 대담하게 죽음을 무릅쓰고 나타납니다. 그래서 우리는 그들을 용감한 사람들 (Courageous men) 이라고 합니다.

★ Jesus Teaches Nicodemus
예수님이 니고데모를 가르치다

1 Now there was a Pharisee, a man named Nicodemus who was a member of the Jewish ruling council.

1 바리새인 중에 **니고데모라 하는 사람이** 있으니 유대인의 관원이라.

2 He came to Jesus at night and said, **"Rabbi, we know that you are** a teacher who has come from God. For no one could perform the signs you are doing if God were not with him."

2 그가 밤에 예수께 와서 가로되 **랍비여 우리가 당신은 하나님께로서 오신** 선생인 줄 아나이다. 하나님이 함께 하시지 아니하시면 당신의 행하시는 이 표적을 아무라도 할 수 없음이니이다.

3 Jesus replied, "Very truly I tell you, no one can see the kingdom of God **unless they are born again.[a]"**

3 예수께서 대답하여 가라사대 진실로 진실로 네게 이르노니 **사람이 거듭나지 아니하면** 하나님 나라를 볼 수 없느니라.

4 "How can someone be born when they are old?" Nicodemus asked. "Surely they cannot enter a second time into their mother's womb to be born!"

4 니고데모가 가로되 사람이 늙으면 어떻게 날 수 있삽나이까? 두 번째 모태에 들어갔다가 날 수 있삽나이까?

5 Jesus answered, "Very truly I tell you, no one can enter the kingdom of God **unless they are born of water and the Spirit.**

5 예수께서 대답하시되 진실로 진실로 네게 이르노니 사람이 물과 성령으로 나지 아니하면 하나님 나라에 들어갈 수 없느니라.

6 Flesh gives birth to flesh, but the Spirit[b] gives birth to spirit.

6 육으로 난 것은 육이요 성령으로 난 것은 영이니

7 You should not be surprised at my saying, 'You[c] must be born again.'

7 내가 네게 거듭나야 하겠다 하는 말을 기이히 여기지 말라.

8 The wind blows wherever it pleases. You hear its sound, but you cannot tell where it comes from or where it is going. So it is with everyone born of the Spirit." [d]

8 바람이 임의로 불매 네가 그 소리를 들어도 어디서 오며 어디로 가는지 알지 못하나니 성령으로 난 사람은 다 이러하니라.

9 "How can this be?" Nicodemus asked.

9 니고데모가 대답하여 가로되 어찌 이러한 일이 있을 수 있나이까?

10 "You are Israel' s teacher," said Jesus, "and do you not understand these things?

10 예수께서 가라사대 너는 이스라엘의 선생으로서 이러한 일을 알지 못하느냐?

11 Very truly I tell you, we speak of what we know, and we testify to what we have seen, but still you people do not accept our testimony.

11 진실로 진실로 네게 이르노니 우리 아는 것을 말하고 본 것을 증거하노라. 그러나 너희가 우리 증거를 받지 아니 하는도다.

12 I have spoken to you of earthly things and you do not believe; how then will you believe if I speak of heavenly things?

12 내가 땅의 일을 말하여도 너희가 믿지 아니하거든 하물며 하늘 일을 말하면 어떻게 믿겠느냐?

13 No one has ever gone into heaven except the one who came from heaven the Son of Man.

13 하늘에서 내려온 자 곧 인자 외에는 하늘에 올라간 자가 없느니라.

14 Just as Moses lifted up the snake in the wilderness, so the Son of Man must be lifted up,

14 모세가 광야에서 뱀을 든 것같이 인자도 들려야 하리니

15 that everyone who believes may have eternal life in him." [g]

15 이는 저를 믿는 자마다 영생을 얻게 하려 하심이니라.

16 **For God so loved the world that he gave his one and only Son, that whoever believes in him shall not perish but have eternal life.**

16 하나님이 세상을 이처럼 사랑하사 독생자를 주셨으니 이는 저를 믿는 자마다 멸망치 않고 영생을 얻게 하려 하심이니라.

17 For God did not send his Son into the world to condemn the world, but to save the world through him.

17 하나님이 그 아들을 세상에 보내신 것은 **세상을 심판하려 하심이** 아니요 저로 말미암아 세상이 구원을 받게 하려 하심이라.

18 Whoever believes in him is not condemned, but whoever does not believe stands condemned already because they have not believed in the name of God's one and only Son.

18 저를 믿는 자는 심판을 받지 아니하는 것이요 믿지 아니하는 자는 하나님의 독생자의 이름을 믿지 아니하므로 벌써 심판을 받은 것이니라.

19 This is the verdict: Light has come into the world, but people loved darkness instead of light because their deeds were evil.

19 그 정죄는 이것이니 곧 빛이 세상에 왔으되 사람들이 자기 행위가 악하므로 **빛보다 어두움을 더 사랑한 것이니라.**

20 Everyone who does evil hates the light, and will not come into the light **for fear that their deeds will be exposed.**

20 악을 행하는 자마다 빛을 미워하여 빛으로 오지 아니하나니 이는 그 행위가 드러날까 함이요

21 **But whoever lives by the truth comes into the light, so that it** may be seen plainly that what they have done has been done in the sight of God.

21 진리를 좇는 자는 빛으로 오나니 이는 그 행위가 하나님 안에서
행한 것임을 나타내려 함이라 하시니라.

☛ John Testifies Again About Jesus
요한이 다시 예수를 증거하다

22 After this, Jesus and his disciples went out into the
Judean countryside, where he spent some time with them, and
baptized.
22 이 후에 예수께서 제자들과 **유대 땅으로 가서** 거기 함께 유하시
며 세례를 주시더라.

23 Now John also was baptizing at Aenon near Salim,
because there was plenty of water, and people were coming and
being baptized.
23 요한도 살렘 가까운 애논에서 세례를 주니 거기 물들이 많음이라
사람들이 와서 세례를 받더라.

24 **This was before John was put in prison.**
24 요한이 아직 옥에 갇히지 아니 하였더라.

25 An argument developed between some of John's disciples
and a certain Jew **over the matter of ceremonial washing.**
25 이에 요한의 제자 중에서 한 유대인으로 더불어 **결례에 대하여
변론이** 되었더니

26 They came to John and said to him, "Rabbi, that man
who was with you on the other side of the Jordan—the one you
testified about—look, he is baptizing, and everyone is going to
him."

26 저희가 요한에게 와서 가로되 랍비여 선생님과 함께 요단 강 저 편에 있던 자 곧 선생님이 증거하시던 자가 세례를 주매 사람이 다 그 에게로 가더이다.

☛ 세상 사람들은 사돈이 논을 사면 배가 아프다고 합니다. 그러나 요한은 예수님이 자기 보다 더 왕성하게 세력이 나타남을 보고 27 요한이 대답하여 가로되 **만일 하늘에서 주신 바 아니면 사람이 아무것도** 받을 수 없느니라 하면서 [He must become greater; I must become less."] 30 그는 흥하여야 하겠고 나는 쇠하여야 하리라 하였습니다 라는 유명한 말을 했습니다.

최근 필자는 고등학교 동기동창이 칼리포니아 어반시의 시장이 되었다는 KBS TV 성공시대 화면을 보고 너무 좋아서 이 구절을 전송한 일이 있습니다. 모든 권세와 영광은 하나님의 주시는 것입니다 (롬 13:1-2). 읽어 보세요.

――――――――――――――――――――――

☛ 세례 요한이 감옥에 갇히게 된 이유는 헤롯왕이 동생의 부인 헤로디아를 뺏어 아내로 삼자 그 잘못을 지적하여 꾸짓다가 영어의 신세가 되었는데 여자가 한을 맺히면 오뉴월에도 서리가 내린다고 하더니 동서가 같은 모양입니다 요한은 결국 그녀 때문에 쟁반위에 목을 바쳐야 했습니다.

27 To this John replied, "A person can receive only what is given them from heaven.

27 요한이 대답하여 가로되 **만일 하늘에서 주신 바 아니면 사람이 아무것도** 받을 수 없느니라.

28 You yourselves can testify that I said, 'I am not the Messiah but am sent ahead of him.'

28 나의 말한 바 나는 그리스도가 아니요 그의 앞에 보내심을 받은 자라고 한 것을 증거할 자는 너희니라.

29 The bride belongs to the bridegroom. The friend who attends the bridegroom waits and listens for him, and is full of joy when he hears the bridegroom's voice. That joy is mine, and it is now complete.

29 신부를 취하는 자는 **신랑이나 서서 신랑의 음성을 듣는 친구가 크게** 기뻐하나니 나는 이러한 기쁨이 충만하였노라.

30 He must become greater; I must become less." [h]

30 **그는 흥하여야 하겠고 나는 쇠하여야 하리라 하니라.**

31 The one who comes from above is above all; the one who is from the earth belongs to the earth, and speaks as one from the earth. **The one who comes from heaven is above all.**

31 위로부터 오시는 이는 만물 위에 계시고 땅에서 난 이는 땅에 속하여 땅에 속한 것을 말하느니라. **하늘로서 오시는 이는 만물 위에 계시나니**

32 He testifies to what he has seen and heard, but no one accepts his testimony.

32 그가 그 보고 들은 것을 증거하되 그의 증거를 받는 이가 없도다.

33 Whoever has accepted it has certified that God is truthful.

33 그의 증거를 받는 이는 하나님을 참되시다 하여 인쳤느니라.

34 For the one whom God has sent speaks the words of God, for God[i] gives the Spirit without limit.

34 **하나님의 보내신 이는 하나님의 말씀을 하나니** 이는 하나님이 성령을 한량없이 주심이니라.

35 The Father loves the Son and has placed everything in his hands.

35 아버지께서 아들을 사랑하사 만물을 다 그 손에 주셨으니

36 Whoever believes in the Son has eternal life, but whoever rejects the Son will not see life, for God's wrath remains on them.

36 아들을 믿는 자는 영생이 있고 아들을 순종치 아니하는 자는 영생을 보지 못하고 도리어 하나님의 진노가 그 위에 머물러 있느니라.

===

Chapter 4. Gospel of John
요한복음 4장 영생의 물

☞ 요한복음은 각장마다 이적과 기사를 기록하면서 예수님의 정체성 **즉, 나는 누구다 하는 것을 선포하는 것**으로 되어 있습니다. 3장에서는 율법의 최고봉 인물 니고데모를 만났고, 본장에서는 비천하여 유대인들이 개같이 여기어 상대도 해 주지 않은 **사마리아 여인을 만나서 예수님 자신을 알립니다.**

사마리아 인들은 북이스라엘을 패망시킨 아술르족이 혼혈주의 정책으로 이스라엘 땅으로 이주해온 앗수르인들과의 사이에서 태어난 혼혈족이만 **자기들도 유대인의 조상인 아브라함과 이삭의 후손으로 하나님의 선민이라는 자부심을** 가지고 자기 나름대로 하나님을 믿는 족속이었습나.

예수님과 여인과의 대화는 동문서답식으로 여인이 예수님에게 "당신은 유대인으로 우리를 개같이 취급하며 **상종치도 않은 나 같은 여인에게 물을 달라 하십니까?**" 라고 하는데 그 대답이 **"네가 내게 물 좀 달라는 이가 누구인줄 알았다면** 네가 그에게 구하였을 텐데 그가 너에게 생수를 주었으리라" 하였습니다.

★ Jesus Talks With a Samaritan Woman
사마리아 여인과 대화

1 Now Jesus learned that the Pharisees had heard that he was gaining and baptizing more disciples than John.
1 예수의 제자를 삼고 세례를 주는 것이 요한보다 많다 하는 말을 바리새인들이 들은 줄을 주께서 아신지라.

2 although in fact it was not Jesus who baptized, but his disciples.
2 **예수께서 친히 세례를 주신 것이 아니요 제자들이 준 것이라.**

3 So he left Judea and went back once more to Galilee.
3 유대를 떠나사 다시 갈릴리로 가실째

4 Now he had to go through Samaria.
4 사마리아로 통행하여야 하겠는지라.

5 **So he came to a town in Samaria called Sychar,** near the plot of ground Jacob had given to his son Joseph.
5 사마리아에 있는 수가라 하는 동네에 이르시니 야곱이 그 아들 요셉에게 준 땅이 가깝고

6 Jacob's well was there, and Jesus, tired as he was from the journey, sat down by the well. **It was about noon.**
6 거기 또 야곱의 우물이 있더라. 예수께서 행로에 곤하여 우물곁에 그대로 앉으시니 **때가 제 육 시쯤 되었더라.**

7 When a Samaritan woman came to draw water, Jesus said to her, **"Will you give me a drink?"**
7 사마리아 여자 하나가 물을 길러 왔으매 예수께서 물을 좀 달라 하시니

8 His disciples had gone into the town to buy food.

8 이는 제자들이 먹을 것을 사러 동네에 들어 갔음이러라.

9 The Samaritan woman said to him, "You are a Jew and I am a Samaritan woman. How can you ask me for a drink?" (For Jews do **not associate with Samaritans.[a]**)

9 사마리아 여자가 가로되 당신은 유대인으로서 어찌하여 사마리아 여자 나에게 물을 달라 하나이까 하니 이는 유대인이 **사마리아인과 상종치 아니함**이러라.

10 Jesus answered her, "If you knew the gift of God and who it is that asks you for a drink, you would have asked him and he would have given you living water."

10 예수께서 대답하여 가라사대 네가 만일 하나님의 선물과 또 네게 물 좀 달라 하는 이가 **누구인 줄 알았더라면 네가 그에게 구하였을 것이요** 그가 생수를 네게 주었으리라.

Divine moments (1-8) 성스러운 순간

How do you wake up in the morning and expect God to use you powerfully to impact someone else's life?

여러분은 하루아침에 몇 번이나 일어나서 하나님이 다른 사람들에게 영향을 끼치게 하기 위해 당신을 사용해주시기를 기대 하십니까?

In this passage, we read that Jesus was traveling to Galilee, and he "had to through Samaria" (v4)

오늘 본문에서는 예수님이 갈릴리로 가려고 사마리아 땅을 거쳐 가야 합니다.

Now Jesus could have chosen to travel to Galilee via a different route, in order to avoid Samaria albeit it would have been a longer journey,

이제 예수님은 그 길이 멀기는 해도 사마리아인들을 피하기 위해서는 다른 길로 가셨어야 했습니다.

However, He still chose to go through Samaria with full understanding of the strained and tense relationship between His people and the Samaritans.

그러나 예수님은 유대인과 사마리아인들과의 팽팽하게 긴장된 관계를 알면서도 사마리아를 지나서 갈릴리로 가기로 정한 것입니다.

The Samaritan woman and the people from her town would have never received eternal life

이런 일이 없었다면 이 사마리아 여인과 그 동네사람들은 영생을 얻지 못 했을 것입니다. 할렐루야!!

Erasing boundaries (9-10) 경계선을 없애다

Jesus' encounter with the Samaritan woman stands in direct contrast to His encounter with Nicodemus in chapter 3.

예수님이 사마리아 여인을 만난 것은 3장에서 니고데모를 만났던 것과는 대조가 됩니다.

In Jesus' time, one would have expected interact with Nicodemus ; after all he was **a prominent religious leader.** However, Jesus' interaction with Nicodemus ends on a silent note, which is basically another way of saying, "he didn't make a decision"

예수님의 시절에 유명한 종교지도자 니고데모를 만난 것을 사람들이 무었인가 기대를 했지마는 그와의 만남은 그는 **아무런 결론을 얻지 못하고** 조용한 끝맺음 이었습니다.

On the contrary, no one would have ever expected Jesus to interact with Samaritan woman.

그와는 반대로 사마리아 여인의 만남은 아무도 예상 하지 못했던 것이지요.

Not only did social and religious boundaries erect an invisible wall between men and women in a public setting, but the fact that she came to draw water at the sixth hour, which would have been noon, made the scenario even more unlikely. Only social outcasts would have drawn water at this time.

사회적 종교적인 경계가 남자와 여자사이에 보이지 않은 벽을 세웠지마는 **그 여인이 대낮 정오인 12시에 물을 기르러 왔다는 것은** 그 여자가 사회적으로 버림받은 사람이 아니고서는 있을 수가 없는 사실을 나타낸 각본이라 할 수가 있습니다.

A letter to God

Father, help me to be sensitive to Your divine leading. Sharpen my hearing so that I can know and recognize Your voice. Sharpen my eye sight so that I may seize those divine moments that You lay across my path In Jesus name I pray. Amen

하나님께 드리는 편지

하나님 아버지 아버지의 성스러운 인도에 민감하게 도와주소서. 나의 듣는 능력을 날카롭게 하여 아버지의 음성을 듣고 깨닫게 하소서. 나의 보는 능력을 날카롭게 하여 아버지께서 나의 가는 길에 놓아준 성스러운 순간들을 잡게 하여 주소서. 예수님의 이름으로 기도 합니다. 아멘

===

11 "Sir," the woman said, "you have nothing to draw with and the well is deep. **Where can you get this living water?**

11 여자가 가로되 주여 물 길을 그릇도 없고 이 우물은 깊은데 **어디서 이 생수를 얻겠삽나이까?**

12 **Are you greater than our father Jacob,** who gave us the well and drank from it himself, as did also his sons and his livestock?"

12 우리 조상 야곱이 이 우물을 우리에게 주었고 또 여기서 자기와 자기 아들들과 짐승이 다 먹었으니 **당신이 야곱보다 더 크니이까?**

13 Jesus answered, "Everyone who drinks this water will be thirsty again,

13 예수께서 대답하여 가라사대 이 물을 먹는 자마다 **다시 목이 마르려니와**

14 but whoever drinks the water I give them will never thirst. Indeed, the water I give them will become in them **a spring of water welling up to eternal life.**"

14 내가 주는 물을 먹는 자는 영원히 목마르지 아니하리니 나의 주는 물은 **그 속에서 영생하도록 솟아나는 샘물이 되리라.**

15 The woman said to him, "Sir, give me this water **so that I won' t get thirsty and have to keep coming here to draw water.**"

15 여자가 가로되 주여 이런 물을 내게 주사 목마르지도 않고 또 여기 물 길러 오지도 않게 하옵소서.

Satisfying Living water (11-15) 생수에 만족하기

When Jesus offers the Samaritan woman "living water" He is not merely offering her front-door delivery service of fresh, running water from springs.

예수께서 사마리어 여인에게 생명수를 줄때 웅달샘에서 흐르는 신건한 물을 단순히 배달하는 식으로 주는 것이 아니고

Although this would satisfy her physical thirst, Jesus knows that this woman needs more than a physical type of satisfaction-she needs spiritual satisfaction.

예수님은 그 여자의 육신의 갈증을 만족 시키었으나 예수님은 이 여인이 육신의 만족보다도 영적인 만족이 필요 하다는 것을 알고 있었습니다.

Jesus is offering the woman eternal life!

예수님은 그 여인에게 영생을 주었습니다.

In fact, the act of Jesus offering her living water is actually a declaration of His identity- the Son of God, the servant of the Lord and the Messiah.

사실 예수님이 생수를 주게 된 행동은 실질적으로 자신의 정체성 즉, 하나님의 아들이오 여호와 구제주의 종이라는 것을 선포 한 것입니다.

He is fulfilling the prophecies of Isaiah 49:10 and 44:3. Jesus is still offering this living water to us today, and it is available through the Joly Spirit in John 7:38-39

예수님은 이사야 4:10절과 44:3절의 성경구절 실행한 것이고 오늘날에도 요 7:38-39 말씀 같이 우리들에게 생수를 제공하고 있는 것입니다.

☛ Isaiah 49:10 "

10 They will neither hunger nor thirst, nor will the desert heat or the sun beat down on them. He who has compassion on them will guide them and lead them beside springs of water.

10 그들이 주리거나 목마르지 아니할 것이며 더위와 볕이 그들을 상하지 아니하리니 이는 그들을 긍휼히 여기는 자가 그들을 이끌되 샘물 근원으로 인도할 것임이니라.

☛ Isaiah 44:3

3 For I will pour water on the thirsty land, and streams on the dry ground; I will pour out my Spirit on your offspring, and my blessing on your descendants.

3 대저 내가 갈한 자에게 물을 주며 마른 땅에 시내가 흐르게 하며 나의 신을 네 자손에게, 나의 복을 네 후손에게 내리리니

4 그들이 풀 가운데서 솟아나기를 시냇가의 버들같이 할 것이라.

☛ John 7:38-39

37 명절 끝 날 곧 큰 날에 예수께서 서서 외쳐 가라사대 누구든지 목마르거든 내게로 와서 마시라.

38 Whoever believes in me, as Scripture has said, rivers of living water will flow from within them.

38 나를 믿는 자는 성경에 이름과 같이 **그 배에서 생수의 강이 흘러 나리라** 하시니

39 By this he meant the Spirit, whom those who believed in him were later to receive. Up to that time the Spirit had not been given, since Jesus had not yet been glorified.

39 이는 그를 믿는 자의 받을 성령을 가리켜 말씀하신 것이라. 예수께서 아직 영광을 받지 못하신 고로 성령이 아직 저희에게 계시지 아니 하시더라.

생수를 만족하기라는 말은 시편 139편 23-24절을 묵상하는 것입니다.
☞ satisfying " Living water" is meditate on Palm 139:23-24

23-24 Search me O God and know my heart; test me and know my anxious thought. See if there is may offensive way in me and lead me **in the way everlasting**
23 하나님이여 나를 살피사 내 마음을 아시며 나를 시험하사 내 뜻을 아옵소서. 24 내게 무슨 악한 행위가 있나 보시고 나를 영원한 길로 인도하소서.

==

16 He told her, "Go, call your husband and come back."
16 가라사대 가서 네 남편을 불러오라.

17 "I have no husband," she replied. Jesus said to her, "You are right when you say you have no husband.
17 여자가 대답하여 가로되 나는 남편이 없나이다. 예수께서 가라사대 네가 **남편이 없다 하는 말이 옳도다.**

18 The fact is, you have had five husbands, and the man you now have is not your husband. What you have just said is quite true."
18 네가 남편 다섯이 있었으나 지금 있는 자는 네 남편이 아니니 네 말이 참되도다.

☞ Obstacles (16-18) 장애물이 되는 이유

Jesus knew that there was an obstacle in the Samaritan woman's life, which was preventing her from receiving this "Living water" the eternal life. **Namely, it was un-dealt and un-confessed sin.**

예수님은 사마리아여인의 생활에 어떤 장애물이 있다는 것을 알고 있었습니다. **그 장애물이 그녀로 하여금 주님의 생수를 받는데 방해물이** 되었습니다. 즉 그것은 처리되지 않았고 고백하지 아니한 죄라는 것입니다.

As a result, out of love, Jesus confronts and convicts the woman of her sin. It is important to understand here that Jesus never condemns he always convicts.

그 결과 그 자의 죄에 대하여 예수님은 사랑을 확인을 하고 확신을 주려는 것을 알아야 합니다. 여기서 예수님은 언제나 확신을 가지고 사람을 정죄 한 적이 없다는 사실을 알아야 합니다. 그래서 성경에 이르기를 "Therefore there is now no condemnation for those who are in Christ Jesus **그러므로 이제 그리스도 예수 안에 있는 자에게는 결코 정죄함이 없나니(롬 8:1)**

Condemnation is from Satan, whereas conviction is from Jesus. Here is the principle: un-dealt and un-confessed sins blocks our relationship with Jesus Christ

비방이라는 것은 사탄에게서 오는 것입니다. 반면에 확신이라는 것은 예수님에게서 오는 것입니다. 여기에는 원칙이 있습니다. 즉 처리되지 아니했고 고백하지 아니한 죄는 우리의 예수님과의 관계에 걸림돌이 되는 것입니다.

A letter to God

Wonderful Father, stir up in me a passion for You and help
me remember   and reexperience the joy of my salvation in
You. Hide me in the shadow of Your wings and keep my heart
pure and holy for Your glory In Jesus bame I pray Amen

오늘의 기도

놀라우신 하나님 아버지 하나님에 대한 나의 열정을 내 안에 뒤 흔
들어 주소서. 그리고 하나님 안에 있는 나의 구원을 기억하고 다시 경
험하게 도와주소서. 하나님의 날개 안에 나를 감추어 주시고, 마음이
정하고 거룩하게 하나님의 영광을 위해 지켜주소서.

예수 그리스도의 이름으로 기도 합니다. 아멘

---

19 "Sir," the woman said, "I can see that you are a prophet.

19 여자가 가로되 주여 내가 보니 당신은 선지자로소이다.

20 Our ancestors worshiped on this mountain, but you Jews
claim that the place where we must worship is in Jerusalem."

20 우리 조상들은 이 산에서 예배하였는데 **당신들의 말은 예배할 곳
이 예루살렘에 있다 하더이다.**

21 "Woman," Jesus replied, "believe me, a time is coming
when you will worship the Father neither on this mountain nor
in Jerusalem.

21 예수께서 가라사대 여자여 내 말을 믿으라. 이 산에서도 말고 예
루살렘에서도 말고 **너희가 아버지께 예배할 때가 이르리라.**

22 You Samaritans worship what you do not know; we
worship what we do know, for salvation is from the Jews.

22 너희는 알지 못하는 것을 예배하고 우리는 아는 것을 예배하노니
이는 구원이 유대인에게서 남이니라.

23 Yet a time is coming and has now come when the true worshipers will worship the Father in the Spirit and in truth, for they are the kind of worshipers the Father seeks.

23 아버지께 참으로 예배하는 자들은 **신령과 진정으로 예배할 때가 오나니** 곧 이 때라 아버지께서는 이렇게 자기에게 예배하는 자들을 찾으시느니라.

24 God is spirit, and his worshipers must worship in the Spirit and in truth."

24 **하나님은 영이시니 예배하는 자가 신령과 진정으로 예배할찌니라.**

25 The woman said, "I know that Messiah" (called Christ) "is coming. When he comes, he will explain everything to us."

25 여자가 가로되 메시야 곧 그리스도라 하는 이가 오실 줄을 내가 아노니 그가 오시면 모든 것을 우리에게 고하시리이다.

26 Then Jesus declared, **"I, the one speaking to you—I am he."**

26 예수께서 이르시되 네게 말하는 내가 그로라 하시니라

★ The Disciples Rejoin Jesus
제자들이 예수를 다시 만남

27 Just then his disciples returned and were surprised to find him talking with a woman. But no one asked, "What do you want?" or "Why are you talking with her?"

27 이때에 제자들이 돌아와서 예수께서 여자와 말씀하시는 것을 이상히 여겼으나 무엇을 구하시나이까? 어찌하여 저와 말씀 하시나이까 묻는 이가 없더라.

28 Then, leaving her water jar, the woman went back to the town and said to the people,

28 여자가 물동이를 버려두고 동네에 들어가서 사람들에게 이르되

29 "Come, see a man who told me everything I ever did. Could this be the Messiah?"

29 나의 행한 모든 일을 내게 말한 사람을 와 보라 이는 그리스도가 아니냐 하니

30 They came out of the town and made their way toward him.

30 저희가 동네에서 나와 예수께로 오더라.

31 Meanwhile his disciples urged him, "Rabbi, eat something."

31 그 사이에 제자들이 청하여 가로되 랍비여 잡수소서.

Natural Response (27-30) 자연스러운 반응

When you first chose to believe in and follow Jesus Christ, what was your next step? What other Christians tell you to do? Were you told to go to Church? Read the Bible? Pray?

여러분이 처음으로 예수를 믿고 따르게 되었을 때 그 다음 단계가 무엇이었나요? 다른 교인들이 무엇을 말 하던가요? 교회를 가라고 했어요? 아니면 성경을 읽으라고? 기도하라고? 하던가요?

There seems to be a problem in many of our churches today- we are shaping new Christians to be culturally-conditioned Christians, rather than be Biblically-conditioned Christians.

오늘날 우리교회에는 수많은 문제가 있는 것 같아요- 우리는 그들을 성경중심의 조건을 둔 교인을 만드는 것 보다 문화적인 중심 조건을 전재로 하는 교인이 되게 만들어야 할 것 같아요.

Why is it that so many of us think that only "mature" Christians are supposed to evangelize? These are evidently western cultural influences that have been imposed on many of us.

어찌하여 우리들 대부분이 그렇게 "완숙한" 교인이 되어야만 전도를 할 수 있다고 생각을 하고 있을까요? 이것은 완전히 우리 모두가 서양문화의 영향을 받은 것입니다.

In fact when one examines this passage, one realizes that evangelism is not about completing a special course or even memorizing an evangelism technique.

사실은 누군가 이 구절을 검토해보면 그는 전도라는 것이 특별한 과정을 끝내는 것이나 전도의 기술을 완전히 암기하는 것이 아니라 는 것을 인지하게 될 것입니다.

Evangelism is just sharing with others what Jesus has done in our lives and letting Jesus do the rest. When truly encounter Jesus, our natural response should be evangelism.

전도라는 것은 우리 일상생활에서 예수님이 하신 일을 다른 사람 들과 나누는 것이고 그 나머지는 예수님이 하시도록 놔두는 것입니 다 우리가 진정으로 예수님을 만나게 될 때에 자연스러운 반응이 일어나야만 하는 것이 전도입니다.

A letter to God

True and living Father, may my eyes always be on You, rather than on a reflection of You. Bless me with a deeper joy whenever I meet with You and grant me the opportunity to share. Your joy with others In Jesus name I pray Amen

하나님에게 보내는 편지

진정 살아계신 하나님 아버지 나의 눈이 하나님의 반영에 두지 말고 항상 하나님을 향하게 하여 주소서. 내가 하나님을 마날 때는 언제나 더 깊은 기쁨을 느끼게 하고 그 기쁨을 다른 사람들과 나누게 하소서. 예수님 그리스도 이름으로 기도 합니다. 아멘

==

32 But he said to them, "I have food to eat that you know nothing about."

32 가라사대 내게는 너희가 알지 못하는 먹을 양식이 있느니라.

33 Then his disciples said to each other, "Could someone have brought him food?"

33 제자들이 서로 말하되 누가 잡수실 것을 갖다 드렸는가 한대

34 "My food," said Jesus, "is to do the will of him who sent me and to finish his work".

34 예수께서 이르시되 **나의 양식은 나를 보내신 이의 뜻을 행하며** 그의 일을 온전히 이루는 이것이니라.

35 Don't you have a saying, 'It's still four months until harvest'? I tell you, **open your eyes and look at the fields! They are ripe for harvest.**

35 너희가 넉 달이 지나야 추수할 때가 이르겠다 하지 아니하느냐 내가 너희에게 이르노니 눈을 들어 밭을 보라 희어져 추수하게 되었도다.

36 Even now the one who reaps draws a wage and harvests a crop for eternal life, so that the sower and the reaper may be glad together.

36 거두는 자가 이미 삯도 받고 영생에 이르는 열매를 모으나니 이는 뿌리는 자와 거두는 자가 함께 즐거워하게 하려 함이니라.

37 Thus the saying 'One sows and another reaps' is true.

37 그런즉 한 사람이 심고 다른 사람이 거둔다 하는 말이 옳도다.

38 I sent you to reap what you have not worked for. Others have done the hard work, and you have reaped the benefits of their labor."

38 내가 너희로 노력하지 아니한 것을 거두러 보내었노니 다른 사람들은 노력하였고 너희는 그들의 노력한 것에 참예하였느니라.

☞ Many Samaritans Believe
많은 사마리아인이 예수를 믿다

39 Many of the Samaritans from that town believed in him because of the woman' s testimony, "He told me everything I ever did."

39 여자의 말이 그가 나의 행한 모든 것을 내게 말하였다 증거하므로 그 동네 중에 많은 사마리아인이 예수를 믿는지라.

40 So when the Samaritans came to him, they urged him to stay with them, and he stayed two days.

40 사마리아인들이 예수께 와서 자기들과 함께 유하기를 청하니 거기서 이틀을 유하시매

41 And because of his words many more became believers.

41 예수의 말씀을 인하여 믿는 자가 더욱 많아

42 They said to the woman, "We no longer believe just because of what you said; now we have heard for ourselves, and we know that this man really is the Savior of the world."

42 그 여자에게 말하되 이제 우리가 믿는 것은 네 말을 인함이 아니니 이는 우리가 친히 듣고 그가 참으로 세상의 구주이신 줄 앎이니라 하였더라.

Sowing and reaping (31-37) 씨뿌리고 거두어 들이기

None of us have been saved in a vacuum, Every one of us has been saved as the result of other people's prayer for us, people like our parents, a teacher, a friend or even Jesus Himself.

우리는 아무도 진공상태에서 살아남을 수가 없습니다. 우리 모두 각자가 우리를 위한 다른 사람들의 기도로 살아 왔습니다. **다른 사람들이란** 부모나 선생들이나 친구나 심지어는 예수님 자신도 포함되는 것입니다.

Jesus is recorded to have offered prayer for all people who would come to believe in Him (Jn 17)

요한복음 17장에 예수님의 기도를 보면 자기를 믿고 따라오는 모든 사람들을 위해서 기도했다는 기록이 있습니다.

Thanks to the seeds that these faithful workers have sown in us, we were reaped and harvested into God's Kingdom, and God in turn sends us back out to continue the good work of the Gospel.

이같이 우리를 위해서 씨를 뿌려준 신실한 일꾼들의 씨앗 덕분에 우리는 하나님의 나라에서 추수하고 거두어들이는 것입니다. 그리고 하나님은 **그 대가로 우리들에게 끈임 없는 복음전차에 좋은** 일을 하도록 씨앗을 보내 줍니다.

It is interesting to note that Jesus connects the idea of evangelism to the word "food".

예수님이 전도의 생각을 말씀인 양식에 연결시키어 주신 것은 참으로 **괄목할 만하고 흥미 있는 표현입니다.**

Usually, sowing and reaping are done to produce food to eat and sustain our bodies, but here Jesus is saying that we should sustain ourselves by saving souls and that sowing and reaping spiritual seed yields spiritual nourishment

보통 씨를 뿌리고 거두어들이는 것은 우리 몸을 유지하기 위해 먹을 것을 생산하기 위한 것이지만 아기 예수님이 말씀하신 것은 영적 양식입니다.

43 After the two days he left for Galilee.

43 이틀이 지나매 예수께서 거기를 떠나 갈릴리로 가시며

44 (Now Jesus himself had pointed out that a prophet has no honor in his own country.)

44 친히 증거하시기를 선지자가 고향에서는 높임을 받지 못한다 하시고

☛ 신하의 아들을 치유하다
Jesus Heals an Official's Son

45 When he arrived in Galilee, the Galileans welcomed him. They had seen all that he had done in Jerusalem at the Passover Festival, for they also had been there.

45 갈릴리에 이르시매 갈릴리인들이 그를 영접하니 이는 자기들도 명절에 갔다가 예수께서 명절 중 예루살렘에서 하신 모든 일을 보았음이더라.

46 Once more he visited Cana in Galilee, where he had turned the water into wine. And there was a certain royal official whose son lay sick at Capernaum.

46 예수께서 다시 갈릴리 가나에 이르시니 전에 물로 포도주를 만드신 곳이라. 왕의 신하가 있어 그 아들이 가버나움에서 병들었더니

47 When this man heard that Jesus had arrived in Galilee from Judea, he went to him and begged him to come and heal his son, who was close to death.

47 그가 예수께서 유대로부터 갈릴리에 오심을 듣고 가서 청하되 내려오셔서 내 아들의 병을 고쳐 주소서 하니 저가 거의 죽게 되었음이라.

Power of words (38-42) 말씀의 능력

People with hard hearts and skeptical attitudes may be difficult to sway with theological or philosophical arguments.

마음이 굳은 사람이나 회의적인 태도를 가진 사람들은 **신학적이거나 철학적인 논쟁에 흔들리기가 매우 어려울 것이다.**

After all, even within Evangelical Christian circles, there is much disagreement about theological issues. But there is little a skeptic can say to ones's personal testimony.

결국 전도적인 교인들 모임에서도 신학적인 문제에는 이견이 있지만 사람이 자기의 개인 간증을 **말할 수 있는 사람은 그리 많지 않다.**

It would be out of place to say "You are wrong" when someone declares that God answered one of their urgent prayers or that Jesus is the one who bring them peace and joy. The most a skeptic could say to that is **"I don't beliebe you"** but that in itself is not a persuasive argument for anything.

어떤 사람이 자신의 간절한 기도에 하나님이 응답을 했다거나 예수님이 자기에게 평강과 즐거움을 가져다주었다고 선포할 때 **"당신은 틀렸어"** 라고 말하는 것은 장소에 따라서 결정 될 문제일 것이다. 최상의 경우에 의심이 많은 사람은 "나는 당신 말을 믿지 않아요" 라고 말할 수는 있으나 결국 설득력이 있는 논쟁거리는 아닙니다.

In this passage, we can see that the Samaritan woman's testimony was powerful enough to make some people believe and the most people willing to hear Jesus out. This would already be a successful witness

오늘 이 본문에서도 사마리아 여인의 간증은 많은 사람을 믿게 하고 대부분 사람들이 예수님의 말씀을 기꺼이 듣게 하는 충분한 능력이 있는 것입니다. 따라서 **이 자체가 이미 성공적인 간증이 된 것입니다.**

A letter to God

Faithful Father, thank you for all that You have done in my life. May I not be timid, but fill me with Your strength and boldness so that I may testify of your goodness to others around me. In the mighty name of jesus I pray Amen

하나님에게 보내는 편지

신실하신 하나님 아버지 내생애에 행하여 주신 모든 것에 감사를 드립니다. 나를 기가 죽게 하지 마시고 하나님의 권세로 대담하게 하여 다른 사람들에게 하나님의 선하심을 전하게 하소서. 예수님의 위대한 이름으로 기도 합니다. 아멘

----

48 "Unless you people see signs and wonders," Jesus told him, "you will never believe."

48 예수께서 가라사대 **너희는 표적과 기사를 보지 못하면 도무지 믿지 아니하리라.**

49 The royal official said, "Sir, come down before my child dies."

49 신하가 가로되 주여 내 아이가 죽기 전에 내려오소서.

50 "Go," Jesus replied, "your son will live." The man took Jesus at his word and departed.

50 예수께서 가라사대 가라 네 아들이 살았다 하신대 그 사람이 예수의 하신 말씀을 믿고 가더니

51 While he was still on the way, his servants met him with the news that his boy was living.

51 내려가는 길에서 그 종들이 오다가 만나서 아이가 살았다 하거늘

52 When he inquired as to the time when his son got better, they said to him, "Yesterday, at one in the afternoon, the fever left him."

52 그 낫기 시작한 때를 물은즉 어제 제 칠 시에 열기가 떨어졌나이다 하는지라.

53 Then the father realized that this was the exact time at which Jesus had said to him, "Your son will live." So he and his whole household believed.

53 아비가 예수께서 네 아들이 살았다 말씀하신 그 때인 줄 알고 자기와 그 온 집이 다 믿으니라.

54 This was the second sign Jesus performed after coming from Judea to Galilee.

54 이것은 예수께서 유대에서 갈릴리로 오신 후 행하신 두 번째 표적이니라.

A prophet with Honor (43-48) 존경 받는 선지자

Jesus said that a prophet had no honor in his home town(v44) Examples of these instances are recorded in Matt 13 Mark 6 and Luke 7. However, the context and application of Jesus' words in those passages are different from this one.

본문 44절에서 친히 증거하시기를 **선지자가 고향에서는 높임을 받지 못한다**고 하셨는데 이 예문은 Matt 13 Mark 6 and Luke 7 에서도 나오는 예문입니다만 말씀의 적용이 약간 다른 내용입니다.

In the passages from Synoptic gospels, Jesus rebuked the people for not believing in Him. In John's gospel this phrase is included to show that Jesus focused on ministering in places where He had yet to break through.

공관 복음의 내용으로 보아 예수님은 자기를 믿지 않은 사람들을 꾸짖어 주었습니다만 **요한은 이 본문에서는 자신이 아직 나타나지 아니한 장소에서** 사역하는 곳에 중점을 두었습니다.

Since he knew that people in His hometown did not yet believe in Him. He purposefully set out for Capernaum to change the situation.

예수님은 자기 고향에서 아직 자기를 믿지 아니하므로 고의적으로 분위기를 바꾸려고 **가버나움으로 장소를 옮긴 것입니다.**

Earlier Jesus ministered to a Jewish teacher, when a Samaritan woman, and now a Roam official. In this way He shows that He reaches out to all people and desires honor and praise from every tribe and tongue.

일전에는 유대인 선생에게 또는 사마리아 여인에게 전도 하시더니 이번에는 **로마의 왕의 신하인 관원에게 전도하여** 모든 족속과 민족에게 존경하여 찬양하게 하려함입니다.

Chapter 5. Gospel of John
요한복음 5장 나는 양의 문이다

★ The Healing at the Pool 연못가에서 치유

1. Some time later, Jesus went up to Jerusalem for one of the Jewish festivals.

1. 그 후에 유대인의 명절이 있어 예수께서 예루살렘에 올라가시니라.

☞ 복음서에 나타나는 시간에 대한 표현을 보면 마태는 그 때에, 마가는 즉시로, 누가는 때가 참에, 요한은 그 후에 라는 말을 자주 쓰고 있습니다.

2 Now there is in Jerusalem near the Sheep Gate a pool, which in Aramaic is called Bethesda[a] and which is surrounded by five covered colonnades.

2 예루살렘에 있는 양문 곁에 히브리말로 베데스다라 하는 못이 있는데 거기에 행각 다섯이 있고

☛ 여기서 다섯이라는 숫자는 성경적으로 완전수로 모세오경과 오병이어와 관련되는 표현입니다.

3 Here a great number of disabled people used to lie—the blind, the lame, the paralyzed.
3 그 안에 많은 병자, 소경, 절뚝발이, 혈기 마른 자들이 누워

4 물의 동함을 기다리니 이는 천사가 가끔 못에 내려와 물을 동하게 하는데 동한 후에 먼저 들어가는 자는 어떤 병에 걸렸든지 낫게 됨이러라.
4 From time to time an angel of the Lord would come down and stir up the waters. The first one into the pool after each such disturbance would be cured of whatever disease they had.
[4] [b] 및 주석을 보세요.
b.John 5:4 Some manuscripts include here, wholly or in part, paralyzed—and they waited for the moving of the waters.

5 One who was there had been an invalid for thirty-eight years.
5 거기 삼십팔 년 된 병자가 있더라.

☛ 38년이라는 숫자는 이스라엘 민족의 광야생활 38년을 상기시킵니다.

6 When Jesus saw him lying there and learned that he had been in this condition for a long time, he asked him, "Do you want to get well?"
6 예수께서 그 누운 것을 보시고 병이 벌써 오랜 줄 아시고 이르시되 네가 낫고자 하느냐?

☛ 빛으로 생명으로 말씀(Light, Life, Words)으로 오신 예수님은 이 땅에서 3가지(가르치고. Teaching, 전도하고 preaching. 치유 Healing하는) 사역을 하셨습니다.

마 4:23 예수께서 온 갈릴리에 두루 다니시며 저희 회당에서 가르치고 천국 복음을 전파 하시며 백성 중에 모든 병과 모든 악을 고치시니

Jesus went throughout Galilee, **teaching** in their synagogues, **proclaiming** the good news of the kingdom, and **healing** every disease and sickness among the people Mt 4:23

7 "Sir," the invalid replied, "I have no one to help me into the pool when the water is stirred. While I am trying to get in, someone else goes down ahead of me."

7 병자가 대답하되 주여 물이 동할 때에 나를 못에 넣어 줄 사람이 없어 내가 가는 동안에 다른 사람이 먼저 내려가나이다.

8 Then Jesus said to him, **"Get up! Pick up your mat and walk."**

8 예수께서 가라사대 일어나 네 자리를 들고 걸어가라 하시니

9 At once the man was cured; he picked up his mat and walked. The day on which this took place was a Sabbath,

9 그 사람이 곧 나아서 자리를 들고 걸어가니라 **이 날은 안식일이니**

What do you want (1-6) 무엇을 원하느냐?

C.S. Lews said that the problem with Christian isn't that we are dissatisfied or that we are hard to satisfy, but that we are too easily satisfied.

C.S. 루리스는 우리 그리스도인들의 문제는 우리가 불만을 가지거나 만족하기가 어려워서가 아니고 **우리가 너무나 쉽게 만족 한다는 것이라고 말했습니다.**

By this he meant that we settle for the things of the world, dining on table scraps as it were, instead of feasting on the divine banquet that God prepares and offers to us daily.

이 말의 뜻은 하나님께서 우리에게 날마다 준비하야 주신 만찬을 즐기는 것이 아니고 그져 식탁에 주어진 것만 처리하고 있다는 것이니 야고보서의 말씀을 참조 하시오.

We fill ourselves with lesser things instead of hungering after things of God. Due to this condition, James writes that **we have not because we aske not (James 4:2)**

너희가 욕심을 내어도 얻지 못하고 살인하며 시기하여도 능히 취하지 못하나니 너희가 다투고 싸우는도다. **너희가 얻지 못함은 구하지 아니함이요(약 4:2).**

If we simply ask asked God in faith, He would give us all things. Here Jesus finds the paralytic and asks a simple question: What do you want?

하나님은 우리가 믿음 안에서 하나님에게 원하면 모든 것을 주시는 분입니다 여기서 예수님은 중풍환자에게 무었을 원하느냐라는 아주 단순한 질문을 합니다.

We should note that Jesus first approached him, not other way around Jesus wants to bless and move in our lives. We only need to let Him do it

우리는 예수님이 다른 길로 가지 아니하고 먼저 접근하여 축복주시고 우리 생활에 움직이고 계신다는 것을 알아야 합니다.

Lord over all (7-9) 모든 것을 초월 하시는 주님

We were all under the Law until Jesus instituted the New covenant. Some people saw and understood the grace of God in the O/T, but most people lived as prisoners under law.

예수님이 새 계명을 만들 때 까지는 우리 모두가 율법 아래서 살았었습니다. 어떤 사람들은 구약에서는 하나님의 은혜로 산다고 알았지마는 모두가 율법 아래서 죄인으로 살았습니다.

The invalid in this passage was one such fellow He was held captive to the laws and ways of man and was not aware of the God who stood above the Law. He trusted in the law instead of in the Law-Giver.

본문에 나오는 병자는 이런 종류의 사람입니다. 그는 율법에 얽매여 율법위에 있는 하나님을 알지 못 했습니다 **그는 율법을 만들어 준 자 대신에 율법만을 믿고 있었습니다.**

Jesus revealed himself to the lame man as the Lord of the Law and Lord over life. By commanding the invalid's healing, Jesus shows that He has authority from God to heal, even on the Sabbath (v9)

예수님은 자기 자신이 율법의 주인으로 생명의 주님으로 절름발이 환자에게 나타나셨습니다. 그 병자를 치유함으로 하나님에게서 받은 치유의 권세를 안식일지라도 치유의 능력을 나타내신 것입니다.

Later on, Christ would face accusation from people about breaking the Sabbath law, but Jesus, as the Lord over the Sabbath declare **that the Sabbath was made for man, not man for the Sabbath (Mk2:27)**

그 후에 안식일의 율법을 어겼다고 사람들에게 고소를 당하였으나 안식일을 능가하는 권세의 주님으로 **안식일이 사람을 위하여 만들어졌지 사람을 위하여 안식일이 만들어진 것이 아니라**고 공포 하셨습니다.

A letter to God

Jesus, You are the Lord of all. I bow down before You and worship You today as my Lord an my Savior. Bless me with more things from your table and command the obstacles in my life to depart from me

In Jesus name, I pray Amen

하나님께 드리는 편지

예수님 당신은 모든 걸 초월 하시는 주님이십니다. 그래서 오늘 주님 앞에 무릎 꿇고 절하면서 나의 주님이오. 나의 구세주로 경배합니다. 주님의 상에 있는 것 보다 더 많은 것으로 축복하여 주시고 내 생에 있는 모든 장애물들이 나에게서 떠나게 명령하여 주소서.

예수님의 이름으로 기도 합니다. 아멘

==

☞ 율법서와 복음서의 다른점

율법서는 구약이고 복음서는 신약입니다. 구약과 신약의 성경은 모두 예수 이야기 입니다. 따라서 신약의 하나님 예수는 율법을 폐지하려는 것이 아니고 구약의 얽매임에서 인간을 구원하러 오신 분입니다.

마 22:38-40에서 새로운 계명을 선포 합니다.

36 선생님이여 율법 중에 어느 계명이 크니이까?

36 "Teacher, which is the greatest commandment in the Law?"

37 예수께서 가라사대 네 마음을 다하고 목숨을 다하고 뜻을 다하여 주 너의 하나님을 사랑하라 하셨으니

37 Jesus replied: " 'Love the Lord your God with all your heart and with all your soul and with all your mind.' [c]

38 이것이 크고 첫째 되는 계명이요

38 This is the first and greatest commandment.

39 둘째는 그와 같으니 네 이웃을 네 몸과 같이 사랑하라 하셨으니

39 And the second is like it: 'Love your neighbor as yourself.' [d]

40 이 두 계명이 온 율법과 선지자의 강령이니라.

40 All the Law and the Prophets hang on these two commandments."

===

10 and so the Jewish leaders said to the man who had been healed, "It is the Sabbath; the law forbids you to carry your mat."

10 유대인들이 병 나은 사람에게 이르되 안식일인데 네가 자리를 들고 가는 것이 옳지 아니하니라.

11 But he replied, "The man who made me well said to me, 'Pick up your mat and walk.' "

11 대답하되 나를 낫게 한 그가 자리를 들고 걸어가라 하더라 한대

12 So they asked him, "Who is this fellow who told you to pick it up and walk?"

12 **저희가 묻되 너더러 자리를 들고 걸어가라 한 사람이 누구냐 하되**

13 The man who was healed had no idea who it was, for Jesus had slipped away into the crowd that was there.

13 고침을 받은 사람이 그가 누구신지 알지 못하니 이는 거기 사람이 많으므로 예수께서 이미 피하셨음이라.

14 Later Jesus found him at the temple and said to him, "See, you are well again. Stop sinning or something worse may happen to you."

14 그 후에 예수께서 성전에서 그 사람을 만나 이르시되 보라 네가 나았으니 더 심한 것이 생기지 않게 다시는 죄를 범치 말라 하시니

15 The man went away and told the Jewish leaders that it was Jesus who had made him well.

15 그 사람이 유대인들에게 가서 자기를 고친 이는 예수라 하니라.

★ The Authority of the Son 아들의 권세

16 So, because Jesus was doing these things on the Sabbath, the Jewish leaders began to persecute him.

16 그러므로 안식일에 이러한 일을 행하신다 하여 **유대인들이 예수를 핍박하게 된지라.**

17 In his defense Jesus said to them, "My Father is always at his work to this very day, and I too am working."

17 예수께서 저희에게 이르시되 내 아버지께서 이제까지 일하시니 나도 일한다 하시매

18 For this reason **they tried all the more to kill him;** not only was he breaking the Sabbath, but he was even calling God his own Father, making himself equal with God.

18 유대인들이 이를 인하여 **더욱 예수를 죽이고자 하니** 이는 안식일만 범할 뿐 아니라 하나님을 자기의 친아버지라 하여 자기를 하나님과 동등으로 삼으심이러라.

Sin and suffering (10-15) 죄와 고통

It is astonishing **how callous the Jewish teachers were** to the healed man's fortunes. While most people would rejoice and marvel at the miraculous healing, **the teachers accused the man of breaking the Sabbath law** and were only concerned with finding Jesus so they could persecute Him.

병고침을 받은 치유된 사람에게 행한 유대인의 선생들의 **무정한 태도에 놀라움을 금할 수가 없습니다.** 대부분의 사람들은 그 기적의 치유에 기뻐하고 있는데 그 유대인 서기관들은 그자에게 안식일을 범했다고 고발하고 **예수를 핍박하기 위하여** 그를 찾는데 만 관심을 두고 있습니다.

Their sinful attitude led them to reject Christ, and we know that rejecting Christ **leads to suffering eternal damnation.** In vere 14, Jesus wants the man to sin no more lest something worse happens to him.

그들의 죄악의 태도는 예수를 거절하게 하였고 그 결과 그들은 **영원한 천벌을 받아 고통 받을 것**을 알고 있습니다. 본문 14절에서 예수님이 그 치유한 사람을 만났을 때에 그에게 더 이상 죄를 범하지 말라고 일러 줍니다.

Many questions surround this verse, especially when compared to 9:2 in which Jesus declare that the blind man's condition was not the result of sin.

이 구절에서는 9장 2절의 내용을 비교 해보면 여러 가지 의문이 생깁니다. 9:2에서는 **날 때부터 맹인된 자의 조건은 그의 죄가 아니**라고 했습니다.

What these passages show is that not all suffering is the result of sin (as in 9:2) but some suffering is the result of sin, as may be the case here. **However the certain thing is that unremedied sin leads to suffering**

이 구절에서 보이는 것은 죄의 결과로 모든 고통이 온다는 것이 아니라고 하나 죄의 결과는 고통입니다. 그러나 **확실한 것은 치유되지 않은 죄는 고통으로 인도 되는 것입니다.**

19 Jesus gave them this answer: "Very truly I tell you, the Son can do nothing by himself; he can do only what he sees his Father doing, because whatever the Father does the Son also does.

19 그러므로 예수께서 저희에게 이르시되 내가 진실로 진실로 너희에게 이르노니 아들이 아버지의 하시는 일을 보지 않고는 아무것도 스스로 할 수 없나니 아버지께서 행하시는 그것을 아들도 그와 같이 행하느니라.

20 For the Father loves the Son and shows him all he does. Yes, and **he will show him even greater works than these,** so that you will be amazed.

20 아버지께서 아들을 사랑하사 자기의 행하시는 것을 다 아들에게 보이시고 또 **그보다 더 큰 일을 보이사 너희로 기이히 여기게 하시리라.**

21 For just as the Father raises the dead and gives them life, even so the Son gives life to whom he is pleased to give it.

21 아버지께서 죽은 자들을 일으켜 살리심같이 아들도 자기의 원하는 자들을 살리느니라.

Always at work (16-19) 항상 사역중이다

Some jobs, like being a public school teacher, have the perk of regular vacations. **Other. like being a doctor,** don't have that luxury anywhere a doctor goes, if he encounters someone in need of medical attention, he is obligated to give it.

학교 선생님 같은 직업은 정기적으로 신나는 방학이 있는데 의사 같은 다른 직업은 **그 같은 호사스러운 휴가가 없습니다.** 의술이 필요로 하는 사람을 만나게 되면 의사는 거기에 매달려야 합니다.

Being a Christian belongs to the latter type. There is no such thing as being on vacation from God. We are always in ministry, always on duty to do the will of God everywhere we go.

기독교인은 후자에 속하므로 하나님에게서 벗어나는 휴가가 없습니다. 우리는 **항상 하나님의 뜻에 따라 일을 해야 함으로** 어디를 가든지 항상 사역하는 자세로 근무해야 합니다.

This would be unfair if it weren't for the fact that God's Himself never goes on vacation. **As verse 17 says, God is always at work.** This should not be a burden to us but a source of heart joy and encouragement, for if God took even one day off, life as we know it would come to an end.

하나님자신이 휴가도 없이 사역을 한다는 사실 때문에 우리에게 쉴 날 수가 없다는 것은 불공평 합니다. **17절의 말씀대로 하나님은 항상 일하시기** 때문에 우리 마음에 기쁨과 용기를 주는 원천이 짐이 되어서는 안 되는 것입니다. 왜냐하면 **하나님이 그 사역을 하루라도 쉬는 날에는** 우리 생활은 끝장이 나는 것을 우리가 알고 있으니까요.

22 Moreover, the Father judges no one, but has entrusted all
judgment to the Son,

22 아버지께서 아무도 심판하지 아니하시고 심판을 다 아들에게 맡
기셨으니

23 that all may honor the Son just as they honor the Father.
Whoever does not honor the Son does not honor the Father,
who sent him.

23 이는 모든 사람으로 아버지를 공경하는 것같이 아들을 공경하게
하려 하심이라 아들을 공경치 아니하는 자는 그를 보내신 아버지를 공
경치 아니하느니라.

24 "Very truly I tell you, whoever hears my word and
believes him who sent me has eternal life and will not be
judged but has crossed over from death to life.

24 내가 진실로 진실로 너희에게 이르노니 **내 말을 듣고 또 나 보내
신 이를 믿는 자는** 영생을 얻었고 심판에 이르지 아니하나니 사망에서
생명으로 옮겼느니라.

25 Very truly I tell you, a time is coming and has now come
when the dead will hear the voice of the Son of God and those
who hear will live.

25 진실로 진실로 너희에게 이르노니 죽은 자들이 하나님의 아들의
음성을 들을 때가 오나니 곧 이 때라 듣는 자는 살아나리라.

26 For as the Father has life in himself, so he has granted
the Son also to have life in himself.

26 아버지께서 자기 속에 생명이 있음 같이 아들에게도 생명을 주어
그 속에 있게 하셨고

 요한복음에 나타난 예수님의 **일곱 가지 정체성**

Exact Image (19-23) 정확한 형상

The way we treat images and representations of something shows how we feel about the real thing. For instance, when people pretend to attack or assault a person wearing costume resembling a certain politician, it shows that they strongly disapprove of that politician.

우리가 무언가 대표하고 그 형상의 문제를 처리하는 방법은 우리가 그 실제문제를 어떻게 느끼나 하는 것을 보여주는 것입니다. 예를 들면, 어떤 정치가의 모양으로 나타난 사람을 공격하고 비난을 하려고 하는 척 하려는 때에는 **그 정치인을 강하게 불신임하는 것을** 보여주어야 한다.

Or when people burn American flag, it shows their deep hatred for America and all it stands for. However, Jesus is more than just an image or representation of God . **He is an exact image of God.**

아니면 사람들이 미국 국기를 태우면 그것이 미국은 증오한다는 것을 보여주고 있는 것입니다. 그러나 예수님은 하나님을 대신하고 그 형상을 나타내는 것 보다 더 분명한 것은 **그 가신이 바로 하나님의 형상인 것입니다.**

If we have seen Jesus. we have seen the Father(Jn 14:9) Jesus states that **He only does exactly what His Father does(v19)** The Father shows Jesus all that He does(v20) and the Son gives the life just as the Father gives life(v21)

우리가 예수님을 보는 것은 하나님 아버지를 보는 것입니다(14:9). 예수님은 말씀 하시기를 **그는 아버지가 행하신 그대로 하신다(19).** 하나님은 예수에게 그가 하시는 모든 것을 보여 주셨다(20). 아버지는 죽은 자를 살리심 같이 아들도 생명을 주느니라(21).

Therefore whoever dishonor Jesus dishonors God(v23) It is clear that the way people treat Jesus shows how they feel about God

그러므로 누구든지 예수님을 존경하지 아니하는 자는 하나님을 존경하지 아니함이라(23). **사람들이 예수님을 대하는 방법이 그들이 어떻게** 하나님을 대하는가 하는 것이 분명해 지는 것입니다.

27 And he has given him authority to judge because he is the
Son of Man.
27 또 인자됨을 인하여 심판하는 권세를 주셨느니라.

28 "Do not be amazed at this, for a time is coming when all
who are in their graves will hear his voice
28 이를 기이히 여기지 말라 무덤 속에 있는 자가 다 그의 음성을 들
을 때가 오나니

29 and come out—those who have done what is good will rise
to live, and those who have done what is evil will rise to be
condemned.
29 선한 일을 행한 자는 생명의 부활로, 악한 일을 행한 자는 심판
의 부활로 나오리라.

30 By myself I can do nothing; I judge only as I hear, and
my judgment is just, for I seek not to please myself but him
who sent me.
30 내가 아무것도 스스로 할 수 없노라 듣는 대로 심판하노니 나는
나의 원대로 하려 하지 않고 나를 보내신 이의 원대로 하려는 고로 내
심판은 의로우니라.

★ Testimonies About Jesus 예수님에 대한 증거

31 "If I testify about myself, my testimony is not true.
31 내가 만일 나를 위하여 증거하면 내 증거는 참되지 아니하되

All will Rise (24-29) 모두가 일어나리라

The secular notion of death is that when our bodies cease functioning, we cease to exist. This notion, however, is an illusion.

죽음에 대한 세상적인 관념은 우리의 육체가 그 기능을 끝내는 것으로 그 존재가 끝나는 것입니다. **그러나 이런 관점은 하나의 착각입니다.**

As spiritual beings, we were made for eternity, and our spirits will never know non-existence, Our bodies will eventually die, but we will never cease to exist as persons.

영적인 존재로 **우리는 영생하도록 되어 있으며** 우리의 영은 그 불 존재를 절대로 알 수가 없어요. 우리의 육체는 결국 죽게 되어 있으나, 사람으로서 존재함은 끝날 수가 없습니다.

As Jesus says in verse 29, everyone will rise from the dead, either to be given life with God or eternal damnation. But the good news of the Gospel is that anyone who hears the words of Christ and believes them will not be condemned (v24)

29절에서 예수님이 말씀 하신대로 모든 사람이 하나님에게서 생명이 주어진 자나 **영원토록 저주 받은 자나 죽은 자 가운데서 살아납니다.** 그러나 복음의 좋은 소식이라는 것은 구세주의 말씀을 듣고 그를 믿는 자는 누구나 정죄함을 받지 아니하리라 했습니다(24).

The simple act of believing is enough to cross over the chasm between death and life. This is possible because the words of Christ carry with them the life that has been authorized to give (v26) Jesus words are our source of life

32 There is another who testifies in my favor, and I know that his testimony about me is true.

32 나를 위하여 증거하시는 이가 따로 있으니 나를 위하여 증거하시는 그 증거가 참인 줄 아노라.

33 "You have sent to John and he has testified to the truth.

33 너희가 요한에게 사람을 보내매 요한이 진리에 대하여 증거하였느니라.

34 Not that I accept human testimony; but I mention it that you may be saved.

34 그러나 나는 사람에게서 증거를 취하지 아니하노라 다만 이 말을 하는 것은 너희로 구원을 얻게 하려 함이니라.

35 John was a lamp that burned and gave light, and you chose for a time to enjoy his light.

35 요한은 켜서 비취는 등불이라 너희가 일시 그 빛에 즐거이 있기를 원하였거니와

===

A letter to God 오늘의 기도

Father, I ask for spiritual sustenance for this day. Fill my spirit with Your Words that I may grow strong in You, I declare that I need Your words to live; they are my life and my strength In the blessed name of Jesus I pray Amen

하나님에게 보내는 편지

하나님 아버지 오늘을 살아가는 영의 양식을 주소서. 나의 영혼을 하나님의 말씀으로 채워주소서. 그리하여 하나님 안에서 강하게 자라게 하소서. 살기 위해서는 하나님의 말씀이 필요하다는 것을 공표 합니다. 하나님의 말씀은 나의 생명이요 힘입니다.

예수 그리스도의 이름으로 기도 드립니다. 아멘

Two testimonies (30-35) 두 가지 간증

When people give their testimonies in court, the character of the **witness is taken into account.** Generally speaking, the testimony of a known liar and **felon would not weigh as much as the testimony** of a trusted community leader or someone with authority like a police officer.

사람들이 법정에서 증인을 세울 때에 증인의 인격이 고려되는 것입니다. 일반적으로 말해서 잘 알려진 거짓말쟁이와 흉악범의 증언이 경찰관 같이 **권위를 가진 공동체의 지도자의 증인 같이 무게를 두지 않습니다.**

While there are honest ex-convicts and corrupt police officer, it would be strange if a judge accepted the testimony of the convict over the testimony of the police officer without good reason, especially if their testimonies were the same.

정직한 전과자와 타락한 경찰관이 있는 경우 재판장이 특별히 그 증언이 똑 같은 경우에는 **특별한 이유 없이 전과자의 증언을 받아들인다면** 이상한 상황이겠지요.

The situation in this passage is similar. Jesus speaks of two testimonies; one from the Father and one from John Baptist. The testimony of God the father is much greater and yet people were more open to John's testimony.

본문의 경우는 이와 같은 상황입니다. 예수님은 두 증인을 말하는데 **하나는 하나님 아버지요 또 다른 증인은 세례요한입니다.** 하나님 아버지의 간증이 더 큼에도 불구하고 사람들은 세례요한의 간증을 더 공개 합니다.

So Jesus was telling to the Jews that if they believed John before, they should believe God's testimony about Jesus found throughout Scripture.

그래서 예수님은 유대인들에게 너희가 일전에 요한을 믿었더라면 예수님에 대하여 성경에 쓰여진 하나님이 간증한 것을 믿었어야 한다고 말했습니다.

36 "I have testimony weightier than that of John. For the works that the Father has given me to finish—the very works that I am doing—testify that the Father has sent me.

36 내게는 요한의 증거보다 더 큰 증거가 있으니 아버지께서 내게 주사 이루게 하시는 역사 곧 나의 하는 그 역사가 아버지께서 나를 보내신 것을 나를 위하여 증거하는 것이요.

37 And the Father who sent me has himself testified concerning me. You have never heard his voice nor seen his form,

37 또한 나를 보내신 **아버지께서 친히 나를 위하여 증거하셨느니라.** 너희는 아무 때에도 그 음성을 듣지 못하였고 그 형용을 보지 못하였으며

38 nor does his word dwell in you, for you do not believe the one he sent.

38 그 말씀이 너희 속에 거하지 아니하니 이는 그의 보내신 자를 믿지 아니함이니라.

Words and Works (36-38) 하나님의 말씀과 사역

Jesus continues His message by elaborating on the nature of God's testimony about Him. He specifies two forms of God's testimony: God's words and God's works.

예수님은 자기에 대한 하나님의 증언의 본체를 정성들여서 말씀을 계속합니다. 예수님은 하나님의 증언을 **두 가지로, 즉 말씀과 사역으로 분류합니다.**

Jesus declare that the work he does comes from the Father and that this work proves that Father sent Him (v36) The work Jesus refers to is the miraculous signs and wonders (the healing and prophecies) that He does in His ministry.

예수님은 자기가 하는 사역은 하나님 아버지로부터 온 것이요, 이 사역은 하나님 아버지가 자기를 보냈다는 증거라고 합니다(36). 예수님이 참조하는 **사역이란 치유와 예언으로 그의 사역에서 행한 이적과 기사입니다.**

In verses 37-38, Jesus says that the Jews have not heard the Father's voice because they have not understood from reading Scripture that it testifies about Him, If they were able to hear God's voice they would have recognized Jesus as the Messiah.

37-38절에서 말씀 하시기를 유대인들이 자기에 대하여 증거하는 성경을 읽지 아니하여 이해하지 못하기 때문에 **하나님 아버지의 음성을 듣지 안했다고 합니다.**

But since they have not, they have obviously not understood God's testimony concerning Him. Taken together, God's words and His works, from a strong testimony that can not be denied or ignored.

39 You study[c] the Scriptures diligently because you think that in them you have eternal life. These are the very Scriptures that testify about me,

39 너희가 성경에서 영생을 얻는 줄 생각하고 성경을 상고하거니와 이 성경이 곧 내게 대하여 증거하는 것이로다.

40 yet you refuse to come to me to have life.

40 그러나 너희가 영생을 얻기 위하여 내게 오기를 원하지 아니하는도다.

41 "I do not accept glory from human beings,

41 나는 사람에게 영광을 취하지 아니하노라.

42 but I know you. I know that you do not have the love of God in your hearts.

42 다만 하나님을 사랑하는 것이 너희 속에 없음을 알았노라.

43 I have come in my Father's name, and you do not accept me; but if someone else comes in his own name, you will accept him.

43 나는 내 아버지의 이름으로 왔으매 너희가 영접지 아니하나 만일 다른 사람이 자기 이름으로 오면 영접하리라.

44 How can you believe since you accept glory from one another but do not seek the glory that comes from the only God[d]?

44 너희가 서로 영광을 취하고 유일하신 하나님께로부터 오는 영광은 구하지 아니하니 어찌 나를 믿을 수 있느냐?

45 "But do not think I will accuse you before the Father.
Your accuser is Moses, on whom your hopes are set.

45 내가 너희를 아버지께 고소할까 생각지 말라 너희를 고소하는 이
가 있으니 곧 너희의 바라는 자 모세니라.

46 If you believed Moses, you would believe me, for he wrote
about me.

46 모세를 믿었다면 또 나를 믿었으리니 이는 그가 내게 대하여 기
록하였음이라.

47 But since you do not believe what he wrote, how are you
going to believe what I say?"

47 그러나 그의 글도 믿지 아니하거든 어찌 내 말을 믿겠느냐 하시
니라.

God-ward Focus (39-44) 하나님을 향한 초점

This passage begins on a somber note. Verse 39 is saying
that it is possible to study the Scripture diligently and still
miss out on the truth of God.

이 본문은 아주 침울한 내용으로 시작 되는데 39절의 성경이 예
수님에 대하여 쓰여진 책이라는 내용을 **하나님의 진리를 놓쳐 버린
것입니다.**

To be sure, there have been many people throughout
history who have studied the Bible inside out only to come to
all the wrong conclusions.

틀림없이, 역사를 통해 볼 때 성경을 안밖으로만 연구를 한 사람
들이 많이 있었지만 그들은 모두가 잘못된 결론에 이르렀습니다.

People involved in cults are one example, and atheists who studied the Bible in order to disprove it are another example.

이런 광신적인 교단에 속한 사람들은 하나의 사례이고 성경을 부정하기 위해 성경을 연구했던 **무신론자들은 또 다른 사례입니다.**

These people read the words of God but never get what God is trying to tell them because they read with closed spiritual eyes.

이런 사람들은 성경을 읽기는 읽었지만 영의 눈을 가리고 보았기 때문에 하나님이 의도하는 내용을 알아듣지 못한 것입니다.

Jesus says it best in verse 40 **"yet you refuse to come to me to have life"** In order to understand the truth we need to turn to Christ, to be God-focused, and make an effort "to obtain the praise that comes from the only God" as Jesus says in verse 44

그래서 예수님은 40절에서 "너희들은 나에게 와서 생명을 얻기를 거절했다라고 말씀 하십니다. 진리를 이해하기 위해서는 구세주에게 우리의 자세를 돌려야 합니다. 하나님에게 초점을 맞추고 44절의 말씀과 같이" 너희가 서로 영광을 취하고 유일하신 하나님께로부터 오는 영광은 구하지 아니하니 어찌 나를 믿을 수 있느냐 상고해야 합니다.

The Law accuses (45-47) 율법이 고발 하다

Paul makes it clear in Romans 7 that the law of God is good, but **the law is no one's friend** The Law is a perfectly fair judge who, like a polished mirror, shows us exactly what we look like, including every flaw and imperfection.

사도 바울은 로마서 7장에서 분명히 하여 하나님의 율법은 좋은 것이지만 **그 율법이 모든 사람의 친구가 되지 못한다** 하였습니다. 율법은 완전하게 공평한 것으로 잘 닦아 놓은 거울을 보는 것 같아서 모든 잘못이나 불안전한 곳으로 포함하여 우리가 하는 일을 그대로 보여주고 있습니다.

The Law does not know mercy, only justice. Those who claim to follow the Law set themselves up for disaster. They fool themselves into thinking that the Law will vindicate them when in fact it will accuse and condemn them, for no one can keep the Law perfectly.

율법은 자비라는 것을 모르고 오직 정의만을 행합니다. 율법을 따르라고 주장 하는 사람들은 자기 자신을 재앙으로 이끄는 사람들입니다. 그들은 율법이 그들을 고발하여 정죄 할 때에는 자기들을 변호해서 구해줄 것이라는 어리석은 생각을 하고 있습니다. 왜나 하면 아무도 율법을 완진하게 지키는 사람이 없기 때문입니나.

Even non-Christians are under Law. When they say that they will get into heaven by **"being a good person"** what they mean is if they avoid stealing, lying, cheating, murdering, hating, lusting, or coveting, they will be saved. Not so, The law of Moses points to Christ, who alone can save. **Trusting in the Law instead Christ leads to death.**

비 그리스도인이라도 율법 아래 얽매입니다. 그들이 **선한 사람이 되어** 천국에 올라갈 것이라고 말하는 것은 도적질, 거짓말, 사기, 투덜거림, 증오, 정욕 또는 탐하는 것을 피하게 되면 구원을 받게 되는 의미입니다. 그렇지 않다면 모세의 율법만이 구세주이니 오직 모세만이 자기들을 구원 한다는 말이지요. **구세주 대신 율법만 믿게 되면 죽음으로 인도됩니다.**

A letter to God 오늘의 기도

Father in heaven, save me from trusting in myself. I can not do anything to save my soul or souls of others. Teach me to trust in You alone. May I learn to focus on You and to please You through obeying Your law. In Jesus name I pray Amen

하나님께 보내는 편지

하늘에 계신 우리 아버지 내 자신 속에 있는 믿음에서 구원하여 주소서. 난 내 영혼이나 다른 사람들의 영혼을 구원할 수가 없네요. 오직 하나님만 믿을 수 있도록 도와주소서. 주님에게만 초점을 맞추고 주님의 율법을 순종함으로 하나님을 기쁘게 하도록 가르쳐 주소서.

우리 주 예수 그리스도의 이름으로 기도 합니다. 아멘

Chapter 6. Gospel of John
요한복음 6장 5병2어 기사

요한복음의 목적은 20:31에 있듯이 예수님이 하나님의 아들이요 구세주라는 것을 알리는 목적으로 다른 공관 복음서와 달리 자신이 누구라는 것을 대담하게 공포하는 복음서입니다.

☛ **자신의 정체성을 표시하는 Seven I AM's를 다시 봅시다.**

❶ 6:35 생명의 떡　　❷ 8:10 빛이다

❸ 10:7 양의 문　　❹ 10:11 선한목자

❺ 11:25 부활이요 생명　　❻ 14:6 길이요 진리요 생명

❼ 15:1 포도나무

☛ **일곱 가지 기사 Seven Miracles**

❶ 2장 물로 포도주　　❷ 4장 왕의 신하 아들

❸ 5장 38년 병자　　❹ 6장 오병 이어

❺ 6장 물위를 거다　　❻ 9장 날 때부터 맹인

❼ 11장 나사로의 죽음에서 살림

★ 예수님이 5천명을 먹이다
Jesus Feeds the Five Thousand

1 Some time after this, Jesus crossed to the far shore of the Sea of Galilee (that is, the Sea of Tiberias),

1 그 후에 예수께서 갈릴리 바다 곧 디베랴 바다 건너편으로 가시매

2 and a great crowd of people followed him because they saw the signs he had performed by healing the sick.

2 큰 무리가 따르니 이는 **병인들에게 행하시는 표적을 봄이러라**

3 Then Jesus went up on a mountainside and sat down with his disciples.

3 예수께서 산에 오르사 제자들과 함께 거기 앉으시니

4 The Jewish Passover Festival was near.

4 마침 유대인의 명절인 유월절이 가까운지라

☛ **유대인의 명절 : 유월절. 맥추절. 사순절. 부활절. 감사절. 강림절 (Feasts of Jews, passover, Feasts of Weeks, Lent, Resurrection, Ardent)**

5 When Jesus looked up and saw a great crowd coming toward him, he said to Philip, "Where shall we buy bread for these people to eat?"

5 예수께서 눈을 들어 큰 무리가 자기에게로 오는 것을 보시고 빌립에게 이르시되 우리가 어디서 떡을 사서 이 사람들로 먹게 하겠느냐 하시니

6 He asked this only to test him, for he already had in mind what he was going to do.

6 이렇게 말씀하심은 친히 어떻게 하실 것을 아시고 **빌립을 시험코자 하심**이라.

7 Philip answered him, "It would take more than half a year's wages[a] to buy enough bread for each one to have a bite!"

7 빌립이 대답하되 각 사람으로 조금씩 받게 할찌라도 이백 데나리온의 떡이 부족하리이다.

☞ 1 데나리온은 인부의 하루 임금이니 200일분의 돈이 필요하다는 말이다. 1 랩돈은 데나리온의 1/100이니 눅 21:2절의 과부 헌금액수는 얼마?

8 Another of his disciples, Andrew, Simon Peter's brother, spoke up.

8 제자 중 하나 곧 시몬 베드로의 형제 안드레가 예수께 여짜오되

9 "Here is a boy with five small barley loaves and two small fish, but how far will they go among so many?"

9 여기 한 아이가 있어 보리떡 다섯 개와 물고기 두 마리를 가졌나이다. 그러나 그것이 이 많은 사람에게 얼마나 되겠삽나이까?

☛ 빌립은 현실적으로 계산 하는 태도이고 안드레는 예수님의 능력을 믿는 자세이었습니다. 믿는 자에게는 능치 못함이 없느니라.

10 Jesus said, "Have the people sit down." There was plenty of grass in that place, **and they sat down** (about five thousand men were there).
10 예수께서 가라사대 이 사람들로 앉게 하라 하신대 그 곳에 잔디가 많은지라 사람들이 앉으니 수효가 오천쯤 되더라.

11 Jesus then took the loaves, gave thanks, and distributed to those who were seated **as much as they wanted.** He did the same with the fish.
11 예수께서 떡을 가져 축사하신 후에 앉은 자들에게 나눠 주시고 고기도 그렇게 저희의 원대로 주시다.

12 When they had all had enough to eat, he said to his disciples, "Gather the pieces that are left over. Let nothing be wasted."
12 저희가 배부른 후에 예수께서 제자들에게 이르시되 남은 조각을 거두고 버리는 것이 없게 하라 하시므로 (아끼고 **절약하는 정신교육**)

13 So they gathered them and filled twelve baskets with the pieces of the five barley loaves left over by those who had eaten.
13 이에 거두니 보리떡 다섯 개로 먹고 남은 조각이 열두 바구니에 찼더라.

14 After the people saw the sign Jesus performed, they began to say, "Surely this is the Prophet who is to come into the world."

14 그 사람들이 예수의 행하신 이 표적을 보고 말하되 이는 **참으로 세상에 오실 그 선지자라 하더라.**

15 Jesus, knowing that they intended to come and make him king by force, withdrew again to a mountain by himself.

15 그러므로 예수께서 저희가 와서 자기를 억지로 잡아 임금 삼으려는 줄을 아시고 **다시 혼자 산으로 떠나가시니라.**

★ Jesus Walks on the Water
물위를 걸으시다

16 When evening came, his disciples went down to the lake,
16 저물매 제자들이 바다에 내려가서

17 where they got into a boat and set off across the lake for Capernaum. By now it was dark, and Jesus had not yet joined them.

17 배를 타고 바다를 건너 가버나움으로 가는데 이미 어두웠고 예수는 아직 저희에게 오시지 아니하셨더니

18 A strong wind was blowing and the waters grew rough.
18 **큰 바람이 불어 파도가 일어나더라.**

19 When they had rowed about three or four miles,[b] they saw Jesus approaching the boat, **walking on the water; and they were frightened.**

19 제자들이 노를 저어 십여 리쯤 가다가 예수께서 **바다 위로 걸어** 배에 가까이 오심을 보고 두려워하거늘

풍랑에 대한 이 구절은 마태복음과 마가복음을 병합해서 보여야 합니다.

막 6:49 제자들이 그가 바다위로 걸어오심을 보고 **유령이다** 하고 소리 지르니 저희가 다 예수를 보고 놀람이라

49 but when they saw him walking on the lake, they **thought he was a ghost. They cried out,**

마 14:28 베드로가 대답하여 가로되 주여 만일 주이시어든 나에게 명하사 물위로 오라 하소서

28 "Lord, if it' s you," Peter replied, **"tell me to come to you on the water**

그리고 베드로가 물위로 걸어가다가 물속으로 빠지니 "이 믿음이 적은 자야 어찌 하느냐?"(**You of little faith,** why do you doubt?)하고 꾸짖습니다.

20 But he said to them, "It is I; don' t be afraid."
20 가라사대 내니 두려워 말라 하신대

21 Then they were willing to take him into the boat, and immediately the boat reached the shore where they were heading.
21 이에 기뻐서 배로 영접하니 배는 곧 **저희의 가려던 땅에 이르렀더라.**

22 The next day the crowd that had stayed on the opposite shore of the lake realized that only one boat had been there, and that Jesus had not entered it with his disciples, but that they had gone away alone.
22 이튿날 바다 건너편에 서 있는 무리가 배 한 척밖에 다른 배가 거기 없는 것과 또 어제 예수께서 제자들과 함께 **그 배에 오르지 아니**하시고 제자들만 가는 것을 보았더니

23 Then some boats from Tiberias landed near the place where the people had eaten the bread after the Lord had given thanks.

23 그러나 디베랴에서 배들이 주의 축사하신 후 여럿이 떡 먹던 그 곳에 가까이 왔더라.

24 Once the crowd realized that neither Jesus nor his disciples were there, they got into the boats and went to Capernaum in search of Jesus.

24 무리가 거기 예수도 없으시고 제자들도 없음을 보고 곧 배들을 타고 예수를 찾으러 가버나움으로 가서

★ Jesus the Bread of Life
예수님은 생명의 떡

25 When they found him on the other side of the lake, they asked him, "Rabbi, when did you get here?"

25 바다 건너편에서 만나 랍비여 **어느 때에 여기 오셨나이까** 하니

26 Jesus answered, "Very truly I tell you, you are looking for me, not because you saw the signs I performed but because you ate the loaves and had your fill.

26 예수께서 대답하여 가라사대 내가 진실로 진실로 너희에게 이르노니 너희가 나를 찾는 것은 표적을 본 까닭이 아니요 떡을 먹고 배부른 까닭이로다.

27 Do not work for food that spoils, but for food that endures to eternal life, which the Son of Man will give you. **For on him God the Father has placed his seal of approval."**

27 썩는 양식을 위하여 일하지 말고 영생하도록 있는 양식을 위하여 하라 **이 양식은 인자가 너희에게 주리니 인자는 아버지 하나님의 인치신 자니라.**

28 Then they asked him, "What must we do to do the works God requires?"
28 저희가 묻되 우리가 어떻게 하여야 하나님의 일을 하오리이까?

29 Jesus answered, "The work of God is this: to believe in the one he has sent."
29 예수께서 대답하여 가라사대 **하나님의 보내신 자를 믿는 것이 하나님의 일이니라 하시니**

30 So they asked him, "What sign then will you give that we may see it and believe you? What will you do?
30 저희가 묻되 그러면 **우리로 보고 당신을 믿게 행하시는 표적이 무엇이니이까,** 하시는 일이 무엇이니이까?

31 Our ancestors ate the manna in the wilderness; as it is written: 'He gave them bread from heaven to eat.' [c]"
31 기록된 바 하늘에서 저희에게 떡을 주어 먹게 하였다 함과 같이 우리 조상들은 광야에서 만나를 먹었나이다.

32 Jesus said to them, "Very truly I tell you, it is not Moses who has given you the bread from heaven, but it is my Father who gives you the true bread from heaven.
32 예수께서 이르시되 내가 진실로 진실로 너희에게 이르노니 하늘에서 내린 떡은 모세가 준 것이 아니라 오직 내 아버지가 하늘에서 내린 참 떡을 너희에게 주시나니

33 For the bread of God is the bread that comes down from heaven and gives life to the world."

33 하나님의 떡은 하늘에서 내려 세상에게 생명을 주는 것이니라.

34 "Sir," they said, "always give us this bread."

34 저희가 가로되 주여 이 떡을 항상 우리에게 주소서.

35 Then Jesus declared, "I am the bread of life. Whoever comes to me will never go hungry, and whoever believes in me will never be thirsty.

35 예수께서 가라사대 내가 곧 생명의 떡이니 내게 오는 자는 결코 주리지 아니할 터이요 나를 믿는 자는 영원히 목마르지 아니하리라.

36 But as I told you, you have seen me and still you do not believe.

36 그러나 내가 너희더러 이르기를 너희는 나를 보고도 믿지 아니하는도다 하였느니라.

37 All those the Father gives me will come to me, and whoever comes to me I will never drive away.

37 아버지께서 내게 주시는 자는 다 내게로 올 것이요 내게 오는 자는 내가 결코 내어 쫓지 아니하리라.

38 For I have come down from heaven not to do my will but to do the will of him who sent me.

38 내가 하늘로서 내려온 것은 내 뜻을 행하려 함이 아니요 나를 보내신 이의 뜻을 행하려 함이니라.

39 And this is the will of him who sent me, that I shall lose none of all those he has given me, but raise them up at the last day.

39 나를 보내신 이의 뜻은 내게 주신 자 중에 내가 하나도 잃어버리지 아니하고 **마지막 날에 다시 살리는 이것이니라.**

40 For my Father's will is that everyone who looks to the Son and believes in him shall have eternal life, and I will raise them up at the last day."

40 내 아버지의 뜻은 아들을 보고 믿는 자마다 영생을 얻는 이것이니 마지막 날에 내가 이를 다시 살리리라 하시니라.

41 At this the Jews there began to grumble about him because he said, "I am the bread that came down from heaven."

41 자기가 하늘로서 내려온 떡이라 하시므로 유대인들이 예수께 대하여 수군거려

42 They said, "Is this not Jesus, the son of Joseph, whose father and mother we know? How can he now say, 'I came down from heaven'?"

42 가로되 이는 요셉의 아들 예수가 아니냐. **그 부모를 우리가 아는데 제가 지금 어찌하여 하늘로서 내려왔다 하느냐.**

43 "Stop grumbling among yourselves," Jesus answered.

43 예수께서 대답하여 가라사대 너희는 서로 수군거리지 말라.

44 "No one can come to me unless the Father who sent me draws them, and I will raise them up at the last day.

44 나를 보내신 아버지께서 이끌지 아니하면 아무라도 내게 올 수 없으니 오는 **그를 내가 마지막 날에 다시 살리리라.**

45 It is written in the Prophets: 'They will all be taught by God.' [d] Everyone who has heard the Father and learned from him comes to me.

45 선지자의 글에 저희가 다 하나님의 가르치심을 받으리라 기록되었은즉 아버지께 듣고 배운 사람마다 내게로 오느니라.

46 No one has seen the Father except the one who is from God; only he has seen the Father.

46 이는 아버지를 본 자가 있다는 것이 아니라 오직 하나님에게서 온 자만 아버지를 보았느니라.

47 Very truly I tell you, the one who believes has eternal life.

47 진실로 진실로 너희에게 이르노니 믿는 자는 영생을 가졌나니

48 **I am the bread of life.**

48 **내가 곧 생명의 떡이로라.**

49 Your ancestors ate the manna in the wilderness, yet they died.

49 너희 조상들은 광야에서 만나를 먹었어도 죽었거니와

50 But here is the bread that comes down from heaven, which anyone may eat and not die.

50 이는 하늘로서 내려오는 떡이니 사람으로 하여금 먹고 죽지 아니하게 하는 것이니라.

51 I am the living bread that came down from heaven. Whoever eats this bread will live forever. This bread is my flesh, which I will give for the life of the world."

51 나는 하늘로서 내려온 산 떡이니 사람이 이 떡을 먹으면 영생하리라 나의 줄 떡은 곧 세상의 생명을 위한 내 살이로라 하시니라.

52 Then the Jews began to argue sharply among themselves, "How can this man give us his flesh to eat?"

52 이러므로 유대인들이 서로 다투어 가로되 **이 사람이 어찌 능히 제 살을 우리에게 주어 먹게 하겠느냐?**

53 Jesus said to them, "Very truly I tell you, unless you eat the flesh of the Son of Man and drink his blood, you have no life in you.

53 예수께서 이르시되 내가 진실로 진실로 너희에게 이르노니 **인자의 살을 먹지 아니하고 인자의 피를 마시지 아니하면 너희 속에 생명이 없느니라.**

54 Whoever eats my flesh and drinks my blood has eternal life, and I will raise them up at the last day.

54 내 살을 먹고 내 피를 마시는 자는 영생을 가졌고 마지막 날에 내가 그를 다시 살리리니

55 For my flesh is real food and my blood is real drink.

55 **내 살은 참된 양식이요 내 피는 참된 음료로다.**

56 Whoever eats my flesh and drinks my blood remains in me, and I in them.

56 내 살을 먹고 내 피를 마시는 자는 내 안에 거하고 나도 그 안에 거하나니

57 Just as the living Father sent me and I live because of the Father, so **the one who feeds on me will live because of me.**

57 살아계신 아버지께서 나를 보내시매 내가 아버지로 인하여 사는 것 같이 **나를 먹는 그 사람도 나로 인하여 살리라.**

58 This is the bread that came down from heaven. Your ancestors ate manna and died, but whoever feeds on this bread will live forever."

58 이것은 하늘로서 내려온 떡이니 조상들이 먹고도 죽은 그것과 같지 아니하여 이 떡을 먹는 자는 영원히 살리라.

59 He said this while teaching in the synagogue in Capernaum.

59 이 말씀은 예수께서 가버나움 회당에서 가르치실 때에 하셨느니라.

★ Many Disciples Desert Jesus
많은 제자들이 예수님을 떠나다

60 On hearing it, many of his disciples said, **"This is a hard teaching. Who can accept it?"**

60 제자 중 여럿이 듣고 말하되 이 말씀은 어렵도다. 누가 들을 수 있느냐 한대 (예수님의 말씀은 비유로 하므로 제자들도 그 뜻을 몰랐다)

61 Aware that his disciples were grumbling about this, Jesus said to them, "Does this offend you?

61 예수께서 스스로 제자들이 이 말씀에 대하여 수군거리는 줄 아시고 가라사대 이 말이 너희에게 걸림이 되느냐?

62 Then what if you see the Son of Man ascend to where he was before!

62 그러면 너희가 인자의 이전 있던 곳으로 올라가는 것을 볼 것 같으면 어찌 하려느냐!

63 The Spirit gives life; the flesh counts for nothing. The words I have spoken to you—they are full of the Spirit[e] and life.

63 살리는 것은 영이니 육은 무익하니라. 내가 너희에게 이른 말이 영이요 생명이라.

> ☛ **영의 세계는 성령이 임하지 않으면 알 수가 없다.**
>
> 마태복음 16장에 보면 예수님에 대한 세상 사람들이 무어라고 하더냐고 묻고 베드로에게 너는 누구라고 생각 하느냐 하시면서 그의 **신앙고백을** 받게 됩니다. 그러나 그 때의 대답은 육신의 생각이 아니고 영이 너에게 임하였다고 하시고 **육신의 생각을 말할 때 사탄이라고 꾸짖는 장면이** 있습니다.
>
> ☛ **마 16-17**
>
> 16 시몬 베드로가 대답하여 가로되 **주는 그리스도시요 살아 계신 하나님의 아들 You are the Messiah, the Son of the living God."** 이시 나이다
>
> 17 예수께서 대답하여 가라사대 바요나 시몬아 네가 복이 있도다. 이를 네게 알게 한 이는 혈육이 아니요 **하늘에 계신 내 아버지이시니라.**
>
> ☛ **마 16:22-23**
>
> 22 베드로가 예수를 붙들고 간하여 가로되 주여 그리 마옵소서. 이 일이 결코 주에게 미치지 아니하리이다.
>
> 23 예수께서 돌이키시며 베드로에게 이르시되
> **사단아 내 뒤로 물러가라 너는 나를 넘어지게 하는 자로다.**
> **Get behind me, Satan! You are a stumbling block to me;**
> 네가 하나님의 일을 생각지 아니하고 도리어 사람의 일을 생각하는도다.

64 Yet there are some of you who do not believe." For Jesus had known from the beginning which of them did not believe and who would betray him.

64 그러나 너희 중에 믿지 아니하는 자들이 있느니라 하시니 이는 예수께서 믿지 아니하는 자들이 **누구며 자기를 팔 자가 누군지 처음부터 아심이러라.**

65 He went on to say, "This is why I told you that no one can come to me unless the Father has enabled them."

65 또 가라사대 이러하므로 전에 너희에게 말하기를 내 아버지께서 오게 하여 주지 아니하시면 누구든지 내게 올 수 없다 하였노라 하시니라.

66 From this time many of his disciples turned back and no longer followed him.

66 **이러므로 제자 중에 많이 물러가고 다시 그와 함께 다니지 아니하더라.**

67 "You do not want to leave too, do you?" Jesus asked the Twelve.

67 **예수께서 열두 제자에게 이르시되 너희도 가려느냐?**

68 Simon Peter answered him, "Lord, to whom shall we go? You have the words of eternal life.

68 시몬 베드로가 대답하되 주여 영생의 말씀이 계시매 우리가 뉘게로 가오리이까?

69 We have come to believe and to know that you are the Holy One of God."

69 우리가 주는 하나님의 거룩하신 자신 줄 믿고 알았삽나이다.

70 Then Jesus replied, "Have I not chosen you, the Twelve? Yet one of you is a devil!"

70 예수께서 대답하시되 내가 너희 열둘을 택하지 아니하였느냐? 그러나 너희 중에 한 사람은 마귀니라 하시니

71 (He meant Judas, the son of Simon Iscariot, who, though one of the Twelve, was later to betray him.)

71 이 말씀은 가룻 시몬의 아들 유다를 가리키심이라 저는 열둘 중의 하나로 예수를 팔 자러라.

> ☛ **막 14:21에서 가룻 유다에 대한 예수님의 말씀입니다.**
>
> 21 인자는 자기에게 대하여 기록된 대로 가거니와 인자를 파는 그 사람에게는 화가 있으리로다. **그 사람은 차라리 나지 아니하였더면 제게 좋을 뻔하였느니라** 하시니라.
>
> 21 The Son of Man will go just as it is written about him. But woe to that man who betrays the Son of Man! **It would be better for him if he had not been born.**

Chapter 7. Gospel of John
요한복음 7장 가족들까지도 비방

선지자가 고향에서는 높임을 받지 못한다(A Prophet has no honor in his own country)는 말씀은 4복음서(마 13:57 막 6:4 눅 4:24 요 4:44) 모두에 나오는 내용으로 학교 문턱에도 다닌 적이 없는 예수님에 대한 **조롱, 멸시, 빈정, 의심 및 배척의 부정적인 반응**이 친형제들에게서도 나타나는 장면입니다.

유명한 사람이 되려면 누구나 은밀히 숨어서 하지 않고 사람들에게 알려야 하는 법이니 **형님도 이제 예루살렘에 가서** 지금 하시는 일을 온 세상에 알리십시오 하면서 은근히 빈정거리는 조언을 합니다.

이에 대한 예수님의 응답은 내 때는 아직 이르지 아니하였다(**My time has not yet come**) 하여 시간 때에 대한 성경 말씀을 상고하게 합니다.

❶ 요 2장에서 물로 포도주 만드실 때도
❷ 전 3장에 천하 범사가 기한이 있고 목적을 이룰 때도
❸ 갈 4:4에 하나님이 인간의 몸에서 태어나야 하니까 때가 참이라 하시고
❹ 요 7:6(요 2:4)에 **내 때는 아직 이르지 아니하였거니와** 라고 되어 있습니다.

★ Jesus Goes to the Festival of Tabernacles
예수님이 초막절(Feast of Weeks) 행사에 가시다

1 After this, Jesus went around in Galilee. He did not want[a] to go about in Judea because the Jewish leaders there were looking for a way to kill him.

1 이 후에 예수께서 갈릴리에서 다니시고 유대에서 다니려 아니하심은 유대인들이 죽이려 함이러라.

2 But when the Jewish Festival of Tabernacles was near,

2 유대인의 명절인 초막절이 가까운지라.

3 Jesus brothers said to him, "Leave Galilee and go to Judea", so that your disciples there may see the works you do.

3 그 형제들이 예수께 이르되 당신의 행하는 일을 제자들도 보게 여기를 떠나 유대로 가소서 (출세하려면 서울로 가라는 말인가요?)

4 No one who wants to become a public figure acts in secret. Since you are doing these things, show yourself to the world.

4 스스로 나타나기를 구하면서 묻혀서 일하는 사람이 없나니 이 일을 행하려 하거든 자신을 세상에 나타내소서 하니

5 For even his own brothers did not believe in him.
5 이는 그 형제들이라도 예수를 믿지 아니함이라.

☛ Matthew 13:55-56 reads 55 aren't his brothers James, Joseph, Simon and Judas? 56 Aren't all his sisters with us?
예수님의 형제 이름 그리고 누이들이 있다고 합니다. 4남 몇 녀일까요?

6 Therefore Jesus told them, **"My time is not yet here;** for you any time will do.

6 예수께서 가라사대 **내 때는 아직 이르지 아니하였거니와** 너희 때는 늘 준비되어 있느니라.

7 The world cannot hate you, but it hates me because I testify that its works are evil.

7 세상이 너희를 미워하지 못하되 나를 미워하나니 이는 내가 **세상의 행사를 악하다 증거함이라.**

8 You go to the festival. I am not[b] going up to this festival, because my time has not yet fully come."

8 너희는 명절에 올라가라 나는 내 때가 아직 차지 못하였으니 이 명절에 아직 올라가지 아니하노라.

9 After he had said this, he stayed in Galilee.

9 이 말씀을 하시고 갈릴리에 머물러 계시니라.

10 However, after his brothers had left for the festival, he went also, not publicly, but in secret.

10 그 형제들이 명절에 올라간 후 **자기도 올라가시되 나타내지 않고 비밀히 하시니라.**

11 Now at the festival the Jewish leaders were watching for Jesus and asking, "Where is he?"

11 명절 중에 유대인들이 예수를 찾으면서 그가 어디 있느냐 하고

12 Among the crowds there was widespread whispering about him. Some said, "He is a good man." Others replied, "No, he deceives the people."

12 예수께 대하여 무리 중에서 수군거림이 많아 혹은 좋은 사람이라 하며 혹은 아니라 무리를 미혹하게 한다 하나

13 But no one would say anything publicly about him for fear of the leaders.
13 그러나 유대인들을 두려워하므로 드러나게 그를 말하는 자가 없더라.

★ Jesus Teaches at the Festival
예수님이 명절에도 가르치시다

14 Not until halfway through the festival did Jesus go up to the temple courts and begin to teach.
14 이미 명절의 중간이 되어 예수께서 성전에 올라가서 가르치시니

15 The Jews there were amazed and asked, "How did this man get such learning without having been taught?"
15 유대인들이 기이히 여겨 가로되 이 사람은 배우지 아니하였거늘 어떻게 글을 아느냐 하니

16 Jesus answered, "My teaching is not my own. It comes from the one who sent me.
16 예수께서 대답하여 가라사대 내 교훈은 내 것이 아니요 나를 보내신 이의 것이니라.

17 Anyone who chooses to do the will of God will find out whether my teaching comes from God or whether I speak on my own.
17 사람이 하나님의 뜻을 행하려 하면 이 교훈이 하나님께로서 왔는지 내가 스스로 말함인지 알리라.

(영어와 한글로 반복해서 읽어 봅시다.)

53 When Jesus had finished these parables, he moved on from there.

54 Coming to his hometown, he began teaching the people in their synagogue, and they were amazed. **"Where did this man get this wisdom and these miraculous powers?"** they asked.

55 "Isn' t this the carpenter' s son? Isn' t his mother' s name Mary, and aren' t his brothers James, Joseph, Simon and Judas?

56 Aren' t all his sisters with us? Where then did this man get all these things?"

57 And they took offense at him. But Jesus said to them, **"A prophet is not without honor except in his own town and in his own home."**

58 And he did not do many miracles there because of their lack of faith.

18 Whoever speaks on their own does so to gain personal glory, but he who seeks the glory of the one who sent him is a man of truth; there is nothing false about him.

18 **스스로 말하는 자는 자기 영광만** 구하되 보내신 이의 영광을 구하는 자는 참되니 그 속에 불의가 없느니라.

19 Has not Moses given you the law? Yet not one of you keeps the law. Why are you trying to kill me?"

19 모세가 너희에게 율법을 주지 아니하였느냐 너희 중에 율법을 지키는 자가 없도다. 너희가 어찌하여 나를 죽이려 하느냐?

20 "You are demon-possessed," the crowd answered. "Who
is trying to kill you?"

20 무리가 대답하되 당신은 귀신이 들렸도다. 누가 당신을 죽이려
하나이까?

21 Jesus said to them, "I did one miracle, and you are all
amazed.

21 예수께서 대답하여 가라사대 내가 한 가지 일을 행하매 너희가
다 이를 인하여 괴이히 여기는도다.

22 Yet, because Moses gave you circumcision (though actually
it did not come from Moses, but from the patriarchs), you
circumcise a boy on the Sabbath.

22 모세가 너희에게 할례를 주었으니 (그러나 할례는 모세에게서 난
것이 아니요 조상들에게서 난 것이라) 그러므로 너희가 안식일에도 사
람에게 할례를 주느니라.

23 Now if a boy can be circumcised on the Sabbath so that
the law of Moses may not be broken, why are you angry with
me for healing a man's whole body on the Sabbath?

23 모세의 율법을 폐하지 아니하려고 사람이 안식일에도 할례를 받
는 일이 있거든 내가 안식일에 사람의 전신을 건전케 한 것으로 너희
가 나를 노여워하느냐?

24 Stop judging by mere appearances, but instead judge correctly."

24 외모로 판단하지 말고 공의의 판단으로 판단하라 하시니라.

★ Division Over Who Jesus Is
예수가 누구냐에 대한 다른 의견

25 At that point some of the people of Jerusalem began to ask, "Isn't this the man they are trying to kill?

25 예루살렘 사람 중에서 혹이 말하되 이는 저희가 죽이고자 하는 그 사람이 아니냐? (의문 하나)

26 Here he is, speaking publicly, and they are not saying a word to him. Have the authorities really concluded that he is the Messiah?

26 보라 드러나게 말하되 저희가 아무 말도 아니하는 도다. 당국자들은 이 사람을 참으로 그리스도인 줄 알았는가? (의문 둘)

===

★ 수군거리는 사람들에게 예수님 설명 (의문 하나 둘 셋)

하나 ☞ 요 1:2-4

2 그가 태초에 하나님과 함께 계셨고

2 He was with God in the beginning.

3 만물이 그로 말미암아 지은 바 되었으니 지은 것이 하나도 그가 없이는 된 것이 없느니라.

3 Through him all things were made; without him nothing was made that has been made.

4 그 안에 생명이 있었으니 이 생명은 사람들의 빛이라.

4 In him was life, and that life was the light of all mankind.

5 빛이 어두움에 비취되 어두움이 깨닫지 못하더라.

둘 ☛ 골 1:15-17

15 그는 보이지 아니하시는 하나님의 형상이요 모든 창조물보다 먼저 나신 자니

15 The Son is the image of the invisible God, the firstborn over all creation.

16 만물이 그에게 창조되되 하늘과 땅에서 보이는 것들과 보이지 않는 것들과 혹은 보좌들이나 주관들이나 정사들이나 권세들이나 만물이 다 그로 말미암고 그를 위하여 창조되었고

16 For in him all things were created: things in heaven and on earth, visible and invisible, whether thrones or powers or rulers or authorities; all things have been created through him and for him

17 또한 그가 만물보다 먼저 계시고 만물이 그 안에 함께 섰느니라.

17 He is before all things, and in him all things hold together.

셋 ☛ 빌 2:6-8

6 그는 근본 하나님의 본체시나 하나님과 동등됨을 취할 것으로 여기지 아니하시고

6 Who, being in very nature[a] God, did not consider equality with God something to be used to his own advantage;

7 오히려 자기를 비어 종의 형체를 가져 사람들과 같이 되었고

7 rather, he made himself nothing by taking the very nature[b] of a servant, being made in human likeness.

8 사람의 모양으로 나타나셨으매 자기를 낮추시고 죽기까지 복종하셨으니 곧 십자가에 죽으심이라.

8 And being found in appearance as a man, he humbled himself by becoming obedient to death— even death on a cross!

==

27 But we know where this man is from; when the Messiah comes, no one will know where he is from."

27 그러나 우리는 이 사람이 어디서 왔는지 아노라 그리스도께서 오실 때에는 어디서 오시는지 아는 자가 없으리라 하는지라.

28 Then Jesus, still teaching in the temple courts, cried out, "Yes, you know me, and you know where I am from. I am not here on my own authority, but he who sent me is true. You do not know him,

28 예수께서 성전에서 가르치시며 외쳐 가라사대 너희가 나를 알고 내가 어디서 온 것도 알거니와 내가 스스로 온 것이 아니로라. 나를 보내신 이는 참이시니 너희는 그를 알지 못하나

29 but I know him because I am from him and he sent me."

29 나는 아노니 이는 내가 그에게서 났고 그가 나를 보내셨음이니라 하신대

30 At this they tried to seize him, but no one laid a hand on him, because his hour had not yet come.

30 저희가 예수를 잡고자 하나 손을 대는 자가 없으니 이는 그의 때가 아직 이르지 아니하였음이러라.

31 Still, many in the crowd believed in him. They said, "When the Messiah comes, **will he perform more signs than this man?"**

31 무리 중에 많은 사람이 예수를 믿고 말하되 그리스도께서 오실찌라도 그 행하실 표적이 **이 사람의 행한 것보다 더 많으랴 하니** (의문 셋)

32 The Pharisees heard the crowd whispering such things about him. Then the chief priests and the Pharisees sent temple guards to arrest him.

32 예수께 대하여 무리의 수군거리는 것이 바리새인들에게 들린지라 대제사장들과 바리새인들이 그를 잡으려고 하속들을 보내니

33 Jesus said, "I am with you for only a short time, and then I am going to the one who sent me.

33 예수께서 이르시되 내가 너희와 함께 조금 더 있다가 나를 보내신 이에게로 돌아가겠노라.

34 You will look for me, but you will not find me; and where I am, you cannot come."

34 너희가 나를 찾아도 만나지 못할 터이요 나 있는 곳에 오지도 못하리라 하신대

35 The Jews said to one another, **"Where does this man intend to go that we cannot find him?** Will he go where our people live scattered among the Greeks, and teach the Greeks?

35 **이에 유대인들이 서로 묻되 이 사람이 어디로 가기에 우리가 저를 만나지** 못하리요? 헬라인 중에 흩어져 사는 자들에게로 가서 헬라인을 가르칠 터인가?

36 What did he mean when he said, 'You will look for me, but you will not find me,' and 'Where I am, you cannot come' ?"

36 나를 찾아도 만나지 못할 터이요 나 있는 곳에 오지도 못하리라 한 이 말이 무슨 말이냐 하니라.

37 On the last and greatest day of the festival, Jesus stood and said in a loud voice, **"Let anyone who is thirsty come to me and drink.**

37 명절 끝 날 곧 큰 날에 예수께서 서서 외쳐 가라사대 **누구든지 목마르거든 내게로 와서 마시라.**

☞ 여기까지는 유대인들에게 명절을 지키도록 강조
레위기 23장에 나타나는 절기의 규례대로 행하라는 율법으로 8.10.11.14. 37절에 명절이라는 단어가6-7번이나 반복 되어 있습니다.

42너희는 칠일 동안 초막에 거하되 이스라엘에서 난 자는 다 초막에 거할찌니
42 Live in temporary shelters for seven days: All native-born Israelites are to live in such shelters

43 이는 내가 이스라엘 자손을 애굽 땅에서 인도하여 내던 때에 초막에 거하게 한 줄을 너희 대대로 알게 함이니라. 나는 너희 하나님 여호와니라.
43 so your descendants will know that I had the Israelites live in temporary shelters when I brought them out of Egypt. I am the Lord your God.' "

44 모세가 여호와의 절기를 이스라엘 자손에게 공포하였더라.
44 So Moses announced to the Israelites the appointed festivals of the Lord.

38 Whoever believes in me, as Scripture has said, rivers of living water will flow from within them." [c]

38 나를 믿는 자는 성경에 이름과 같이 그 배에서 생수의 강이 흘러 나리라 하시니

39 By this he meant the Spirit, whom those who believed in him were later to receive. Up to that time the Spirit had not been given, since Jesus had not yet been glorified.

39 이는 그를 믿는 자의 받을 성령을 가리켜 말씀하신 것이라. (예수께서 아직 영광을 받지 못하신 고로 성령이 아직 저희에게 계시지 아니하시더라)

★ 40절부터 53절까지는 예수님의 자질에 대한 평가논쟁

40 On hearing his words, some of the people said, "Surely this man is the Prophet."

40 이 말씀을 들은 무리 중에서 혹은 이가 참으로 그 선지자라 하며

41 Others said, "He is the Messiah." Still others asked, "How can the Messiah come from Galilee?

41 혹은 그리스도라 하며 어떤 이들은 그리스도가 어찌 갈릴리에서 나오겠느냐?

42 Does not Scripture say that the Messiah will come from David's descendants and from Bethlehem, the town where David lived?"

42 성경에 이르기를 그리스도는 다윗의 씨로 또 다윗의 살던 촌 **베들레헴에서 나오리라 하지** 아니하였느냐 하며(미 5:2)

☛ 마 11:28

28 "Come to me, all you who are weary and burdened, and I will give you rest.

28 수고하고 무거운 짐진자들아 다 내게로 오라 내가 너희를 쉬게 하리라.

☛ 사 55:1-2

1 "Come, all you who are thirsty, come to the waters and you who have no money, come, buy and eat! Come, buy wine and milk without money and without cost.

1 너희 목마른 자들아 물로 나아오라 돈 없는 자도 오라 너희는 와서 사 먹되 돈 없이, 값 없이 와서 포도주와 젖을 사라.

2 Why spend money on what is not bread, and your labor on what does not satisfy? Listen, listen to me, and eat what is good, and you will delight in the richest of fare.

2 너희가 어찌하여 양식 아닌 것을 위하여 은을 달아 주며 배부르게 못할 것을 위하여 수고하느냐 나를 청종하라 그리하면 너희가 좋은 것을 먹을 것이며 너희 마음이 기름진 것으로 즐거움을 얻으리라.

☛ 시 78:15-17

15 He split the rocks in the wilderness and gave them water as abundant as the seas;

15 광야에서 반석을 쪼개시고 깊은 수원에서 나는 것같이 저희에게 물을 흡족히 마시우셨으며

16 he brought streams out of a rocky crag and made water flow down like rivers.

16 또 반석에서 시내를 내사 물이 강같이 흐르게 하셨으나

17 But they continued to sin against him, rebelling in the wilderness against the Most High.

17 저희는 계속하여 하나님께 범죄하여 황야에서 지존자를 배반하였도다.

43 Thus the people were divided because of Jesus.
43 예수를 인하여 무리 중에서 쟁론이 되니

44 Some wanted to seize him, but no one laid a hand on him.
44 그 중에는 그를 잡고자 하는 자들도 있으나 손을 대는 자가 없었
더라.

☞ Unbelief of the Jewish Leaders
유대 지도자들의 불신앙

45 Finally the temple guards went back to the chief priests and the Pharisees, who asked them, **"Why didn' t you bring him in?"**
45 하속들이 대제사장들과 바리새인들에게로 오니 저희가 묻되 어찌하여 잡아오지 아니하였느냐?

46 **"No one ever spoke the way this man does,"** the guards replied.
46 하속들이 대답하되 그 사람의 말하는 것처럼 말한 사람은 이때까지 없었나이다 하니

47 "You mean he has deceived you also?" the Pharisees retorted.
47 바리새인들이 대답하되 너희도 미혹되었느냐?

48 "Have any of the rulers or of the Pharisees believed in him?
48 당국자들이나 바리새인 중에 그를 믿는 이가 있느냐?

49 No! But this mob that knows nothing of the law—there is a curse on them."
49 율법을 알지 못하는 이 무리는 저주를 받은 자로다.

50 **Nicodemus, who had gone to Jesus earlier and who was one of** their own number, asked,

50 그 중에 한 사람 곧 전에 예수께 왔던 니고데모가 저희에게 말하되

51 "Does our law condemn a man without first hearing him to find out what he has been doing?"

51 우리 율법은 사람의 말을 듣고 그 행한 것을 알기 전에 판결하느냐?

52 They replied, **"Are you from Galilee, too?** Look into it, and you will find that a prophet does not come out of Galilee."

52 저희가 대답하여 가로되 **너도 갈릴리에서 왔느냐** 상고하여 보라 갈릴리에서는 선지자가 나지 못하느니라 하였더라.

[The earliest manuscripts and many other ancient witnesses do not **have John 7:53—8:11. A few manuscripts include these verses, wholly** or in part, after John 7:36, John 21:25, Luke 21:38 or Luke 24:53.]

초기 성경과 다른 많은 역본에는 7:53절에서 8:11절 간음한 여인 재판 내용이 없다고 합니다. 몇몇 **역본에는** John 7:36, John 21:25, Luke 21:38 or Luke 24:53.의 내용만 발췌하여 기록 되었 다고 합니다.

53 Then they all went home, Then each went to his own home

53 다 각각 집으로 돌아가고 **(8장으로 이어집니다)** 다음은 그러나로 시작

Chapter 8. Gospel of John
요한복음 8장 간음한 여인과 감람산

☛ 요한복음서에서 가장 불행했던 여인이 가장 큰 축복을 받은 여인은 두 여인인데 **수가성의 사마리아 여인(4장)과 본 8장에 나오는 간음하다가** 잡혀온 여인일 것입니다. 평생을 수모와 절망의 상처로 살아온 이 여인이 교활한 음모에 둘려 쌓인 이 이상한 재판의 희생양이 된 것입니다.

성경 말씀과 달리 이 여인은 현장에서 잡히었다는 데 남자는 없습니다.

☛ 레 20:10

10 누구든지 남의 아내와 간음하는 자 곧 그 이웃의 아내와 간음하는 자는 그 간부와 음부를 반드시 죽일찌니라.

10 " 'If a man commits adultery with another man's wife —with the wife of his neighbor" —**both the adulterer and the adulteress are to be put to death.**

☛ 신 22:22

22 남자가 유부녀와 통간함을 보거든 그 통간한 남자와 그 여자를 둘 다 죽여 이스라엘 중에 악을 제할지니라.

22 If a man is found sleeping with another man's wife, both the man who slept with her and the woman must die. You must purge the evil from Israel.

1 But Jesus went to the Mount of Olives.

1 (다른 사람들은 각각 집으로 돌아갔으나) 그러나 예수는 감람산으로 가시다.

2 At dawn he appeared again in the temple courts, where all the people gathered around him, and he sat down to teach them.

2 아침에 다시 성전으로 들어오시니 백성이 다 나아오는지라 앉으사 저희를 가르치시더니

3 The teachers of the law and the Pharisees brought in **a woman caught in adultery.** They made her stand before the group

3 서기관들과 바리새인들이 간음 중에 잡힌 **여자를 끌고 와서** 가운데 세우고

4 and said to Jesus, "Teacher, this woman was caught in the act of adultery.

4 예수께 말하되 선생이여 이 여자가 간음하다가 현장에서 잡혔나이다.

5 In the Law Moses commanded us to stone such women. Now what do you say?"

5 모세는 율법에 이러한 여자를 돌로 치라 명하였거니와 선생은 어떻게 말하겠나이까?

6 They were **using this question as a trap,** in order to have a basis for accusing him. But Jesus bent down and started to write on the ground with his finger.

6 **저희가 이렇게 말함은 고소할 조건을 얻고자** 하여 예수를 시험함 이러라. 예수께서 몸을 굽히사 손가락으로 땅에 쓰시니

7 When they kept on questioning him, he straightened up and said to them, **"Let any one of you who is without sin be the first to throw a stone at her."**

7 저희가 묻기를 마지아니하는지라. 이에 일어나 가라사대 **너희 중에 죄 없는 자가 먼저 돌로 치라 하시고**

8 Again he stooped down and wrote on the ground.

8 다시 몸을 굽히사 손가락으로 땅에 쓰시니

9 At this, those who heard began to go away one at a time, **the older ones first,** until only Jesus was left, with the woman still standing there.

9 저희가 이 말씀을 듣고 양심의 가책을 받아 **어른으로 시작하여 젊은이까지** 하나씩 하나씩 나가고 오직 예수와 그 가운데 서 있는 여자만 남았더라.

10 Jesus straightened up and asked her, "Woman, where are they? Has no one condemned you?"

10 예수께서 일어나사 여자 외에 아무도 없는 것을 보시고 이르시되 여자여 너를 고소하던 그들이 어디 있느냐 너를 정죄한 자가 없느냐?

11 "No one, sir," she said. "Then neither do I condemn you," Jesus declared. "Go now and leave your life of sin."

11 대답하되 주여 없나이다. 예수께서 가라사대 나도 너를 정죄하지 아니하노니 가서 다시는 죄를 범치 말라 하시니라.

☞ Dispute Over Jesus' Testimony 예수님 간증에 대한 분쟁

12 When Jesus spoke again to the people, he said, "I am the light of the world. Whoever follows me will never walk in darkness, but will have the light of life."
12 예수께서 또 일러 가라사대 나는 세상의 빛이니 나를 따르는 자는 어두움에 다니지 아니하고 생명의 빛을 얻으리라.

13 The Pharisees challenged him, "Here you are, appearing as your own witness; your testimony is not valid."

13 바리새인들이 가로되 네가 너를 위하여 증거하니 **네 증거는 참되지 아니하도다.**

(이에 대한 대답이 14-17절까지 입니다)

14 Jesus answered, "Even if I testify on my own behalf, my testimony is valid, for I know where I came from and where I am going. But you have no idea where I come from or where I am going.

14 예수께서 대답하여 가라사대 내가 나를 위하여 증거하여도 내 증거가 참되니 나는 내가 어디서 오며 어디로 가는 것을 알거니와 너희는 내가 **어디서 오며 어디로 가는 것을 알지 못하느니라.**

15 You judge by human standards; I pass judgment on no one.

15 **너희는 육체를 따라 판단하나 나는 아무도 판단치 아니하노라.**

16 But if I do judge, my decisions are true, because I am not alone. I stand with the Father, who sent me.

16 만일 내가 판단하여도 내 판단이 참되니 이는 내가 혼자 있는 것이 아니요 **나를 보내신 이가 나와 함께 계심이라.**

17 In your own Law it is written that the testimony of two witnesses is true.

17 너희 율법에도 두 사람의 증거가 참되다 기록하였으니

☞ 신 17:6

죽일 자를 두 사람이나 세 사람의 증거로 죽일 것이요. 한 사람의 증거로는 죽이지 못 할 것이오.

On the testimony of two or three witnesses a person is to be put to death, but no one is to be put to death on the testimony of only one witness.

18 I am one who testifies for myself; my other witness is the Father, who sent me."

18 내가 나를 위하여 증거하는 자가 되고 **나를 보내신 아버지도 나를 위하여 증거하시느니라.**

==

☞ 진리가 불확실하게 보임으로 이들은 예수님에게 세 가지 질문을 하는데 그 대답은 19절 22절 25절에서 답변을 아래와 같이 30절까지 이어집니다. 젓가락을 두개 들고 가로로 보고 세로로 보아 보십시오. 똑같은 젓가락이 어떻게 보이나요? 크기가 다르게 보입니다.

==

첫 번째 답변

19 Then they asked him, "Where is your father?"

"You do not know me or my Father," Jesus replied. "If you knew me, you would know my Father also."

19 이에 저희가 묻되 **네 아버지가 어디 있느냐** 예수께서 대답하시되 너희는 나를 알지 못하고 내 아버지도 알지 못하는도다. 나를 알았더면 내 아버지도 알았으리라.

20 He spoke these words while teaching in the temple courts near the place where the offerings were put. Yet no one seized him, because his hour had not yet come.

20 이 말씀은 성전에서 가르치실 때에 연보궤 앞에서 하셨으나 잡는 사람이 없으니 이는 **그의 때가 아직 이르지 아니하였음이러라.**

★ Dispute Over Who Jesus Is
예수님이 누구인가 분쟁

21 Once more Jesus said to them, "I am going away, and you will look for me, and you will die in your sin. **Where I go, you cannot come.**"

21 다시 이르시되 내가 가리니 너희가 나를 찾다가 너희 죄 가운데서 죽겠고 나의 가는 곳에는 너희가 오지 못하리라.

두 번째 답변

22 This made the Jews ask, "Will he kill himself? Is that why he says, 'Where I go, you cannot come' ?"

22 유대인들이 가로되 저가 나의 가는 곳에는 너희가 오지 못하리라 하니 저가 자결 하려는가?

23 But he continued, "You are from below; I am from above. You are of this world; I am not of this world.

23 예수께서 가라사대 **너희는 아래서 났고 나는 위에서 났으며 너희는 이 세상에 속하였고 나는 이 세상에 속하지 아니하였느니라.**

24 I told you that you would die in your sins; if you do not believe that I am he, **you will indeed die in your sins.**"

24 이러므로 내가 너희에게 말하기를 너희가 너희 죄 가운데서 죽으리라 하였노라 너희가 만일 내가 그인 줄 믿지 아니하면 너희 **죄 가운데서 죽으리라.**

세 번째 답변

25 "Who are you?" they asked. "Just what I have been telling you from the beginning," Jesus replied.

25 저희가 말하되 네가 누구냐 예수께서 가라사대 **나는 처음부터 너희에게 말하여 온 자니라.**

26 "I have much to say in judgment of you. But he who sent me is trustworthy, and what I have heard from him I tell the world."

26 내가 너희를 대하여 말하고 판단할 것이 많으나 나를 보내신 이가 참되시매 내가 그에게 들은 그것을 세상에게 말하노라 하시되

27 They did not understand that he was telling them about his Father.

27 **저희는 아버지를 가리켜 말씀하신 줄을 깨닫지 못하더라.**

28 So Jesus said, "When you have lifted up[a] the Son of Man, then you will know that I am he and that I do nothing on my own but speak just what the Father has taught me.

28 이에 예수께서 가라사대 너희는 인자를 든 후에 내가 그인 줄을 알고 또 내가 스스로 아무것도 하지 아니하고 오직 아버지께서 가르치신 대로 이런 것을 말하는 줄도 알리라.

29 The one who sent me is with me; he has not left me alone, for I always do what pleases him."

29 나를 보내신 이가 나와 함께 하시도다. **내가 항상 그의 기뻐하시는 일을 행하므로 나를 혼자 두지 아니하셨느니라.**

30 Even as he spoke, many believed in him.

30 이 말씀을 하시매 많은 사람이 믿더라.

31 To the Jews who had believed him, Jesus said,　"If you hold to my teaching, you are really my disciples.

31 그러므로 예수께서 자기를 믿은 유대인들에게 이르시되 너희가 내 말에 거하면 참 내 제자가 되고

32 **Then you will know the truth, and the truth will set you free.**"

32 진리를 알찌니 진리가 너희를 자유케 하리라.

☛ 너희가 내 참 제자가 되면 진리이신 예수 그리스도를 알게 될 것이며, 그분께서 너희를 죄로부터 자유케 하시리라는 뜻인데, 33절에서 그들의 반문 종이 된 적이 없다는 말은 억지주장입니다.

33 They answered him,　"We are Abraham's descendants and have never been slaves of anyone. **How can you say that we shall be set free?**"

33 저희가 대답하되 우리가 아브라함의 자손이라 남의 종이 된 적이 없거늘 **어찌하여 우리가 자유케 되리라 하느냐?**

☛ 애굽에서 430년 간 종살이 했고 바벨론에서 70년동안 종살이 한 것을 감추는 처사이고 당시에는 로마 황제의 식민통치 압박을 부인한 것입니다.

34 Jesus replied,　"Very truly I tell you, everyone who sins is a slave to sin.

34 예수께서 대답하시되 진실로 진실로 너희에게 이르노니 죄를 범하는 자마다 죄의 종이라.

35 Now a slave has no permanent place in the family, but a son belongs to it forever.

35 종은 영원히 집에 거하지 못하되 아들은 영원히 거하나니

36 So if the Son sets you free, you will be free indeed.

36 그러므로 아들이 너희를 자유케 하면 너희가 참으로 자유하리라

37 I know that you are Abraham's descendants. Yet you are looking for a way to kill me, because you have no room for my word.

37 나도 너희가 아브라함의 자손인 줄 아노라 그러나 내 말이 너희 속에 있을 곳이 없으므로 나를 죽이려 하는도다.

☞ 예수님은 유대인들이 아브라함의 자손임을 인정합니다. 그러나 그들은 세상에 속한 그들의 마음속에는 육신적이며 이기적인 생가가 꽉 차 있어서 예수를 받아 드릴 수가 없어서 틈만 나면 예수님을 죽이려 한다.

38 I am telling you what I have seen in the Father's presence, and you are doing what you have heard from your father.[b]" **Or presence. Therefore do what you have heard from the Father.**

38 나는 내 아버지에게서 본 것을 말하고 너희는 너희 아비에게서 들은 것을 행하느니라. (혹은 하나님 아버지의 임재시니 하나님 아버지로부터 들은 대로 행하라.

39 "Abraham is our father," they answered. "If you were Abraham's children," said Jesus, "then you would[c] do what Abraham did.

39 대답하여 가로되 우리 아버지는 아브라함이라 하니 예수께서 가라사대 너희가 아브라함의 자손이면 아브라함의 행사를 할 것이어늘

40 As it is, you are looking for a way to kill me, a man who has told you the truth that I heard from God. Abraham did not do such things.

40 지금 하나님께 들은 **진리를 너희에게 말한 사람인 나를 죽이려 하는도다.** 브라함은 이렇게 하지 아니하였느니라.

41 **You are doing the works of your own father."** "We are not illegitimate children," they protested. "The only Father we have is God himself."

41 너희는 너희 아비의 행사를 하는도다. 답하되 우리가 음란한 데서 나지 아니하였고 아버지는 한 분뿐이시니 곧 하나님이시로다.

42 Jesus said to them, "If God were your Father, you would love me, for I have come here from God. **I have not come on my own; God sent me.**

42 예수께서 가라사대 하나님이 너희 아버지였으면 너희가 나를 사랑하였으리니 이는 내가 하나님께로 나서 왔음이라 **나는 스스로 온 것이 아니요 아버지께서 나를 보내신 것이니라.**

43 Why is my language not clear to you? Because you are unable to hear what I say.

43 어찌하여 내 말을 깨닫지 못하느냐 이는 내 말을 들을 줄 알지 못함이로다.

44 **You belong to your father, the devil, and you want to carry out** your father's desires. He was a murderer from the beginning, not holding to the truth, for there is no truth in him. When he lies, he speaks his native language, **for he is a liar and the father of lies.**

44 너희는 너희 아비 마귀에게서 났으니 너희 아비의 욕심을 너희도 행하고자 하느니라. 저는 처음부터 살인한 자요 진리가 그 속에 없으므로 진리에 서지 못하고 거짓을 말할 때마다 제 것으로 말하나니 이는 저가 거짓말장이요 거짓의 아비가 되었음이니라.

45 Yet because I tell the truth, you do not believe me!
45 내가 진리를 말하므로 너희가 나를 믿지 아니하는 도다.

46 Can any of you prove me guilty of sin? If I am telling the truth, why don't you believe me?
46 너희 중에 누가 나를 죄로 책잡겠느냐 내가 진리를 말하매 어찌하여 나를 믿지 아니하느냐?

47 **Whoever belongs to God hears what God says. The reason you do** not hear is that you do not belong to God."
47 하나님께 속한 자는 하나님의 말씀을 듣나니 너희가 듣지 아니함은 하나님께 속하지 아니 하였음이로다.

☛ Jesus Claims About Himself
예수님이 자신에 대한 주장

48 The Jews answered him, "Aren't we right in saying that you are a Samaritan and demon-possessed?"
48 유대인들이 대답하여 가로되 우리가 너를 사마리아 사람이라 또는 귀신이 들렸다 하는 말이 옳지 아니하냐?

49 "I am not possessed by a demon," said Jesus, "but I honor my Father and you dishonor me.
49 예수께서 대답하시되 나는 귀신들린 것이 아니라 오직 내 아버지를 공경함이어늘 너희가 나를 무시하는 도다.

50 I am not seeking glory for myself; but there is one who seeks it, and he is the judge.

50 나는 내 영광을 구치 아니하나 구하고 판단하시는 이가 계시니라.

51 Very truly I tell you, whoever obeys my word will never see death."

51 진실로 진실로 너희에게 이르노니 사람이 내 말을 지키면 죽음을 영원히 보지 아니하리라.

52 At this they exclaimed, "Now we know that you are demon-possessed! Abraham died and so did the prophets, yet you say that whoever obeys your word will never taste death.

52 유대인들이 가로되 지금 네가 귀신들린 줄을 아노라 아브라함과 선지자들도 죽었거늘 네 말은 사람이 내 말을 지키면 죽음을 영원히 맛보지 아니하리라 하니

53 Are you greater than our father Abraham? He died, and so did the prophets. Who do you think you are?"

53 너는 이미 죽은 우리 조상 아브라함보다 크냐 또 선지자들도 죽었거늘 너는 너를 누구라 하느냐?

54 Jesus replied, "If I glorify myself, my glory means nothing. My Father, whom you claim as your God, is the one who glorifies me.

54 예수께서 대답하시되 내가 내게 영광을 돌리면 내 영광이 아무것도 아니거니와 내게 영광을 돌리시는 이는 내 아버지시니 곧 너희가 너희 하나님이라 칭하는 그이시라.

55 Though you do not know him, I know him. If I said I did not, I would be a liar like you, but I do know him and obey his word.

55 너희는 그를 알지 못하되 나는 아노니 만일 내가 알지 못한다 하면 나도 너희 같이 거짓말장이가 되리라. **나는 그를 알고 또 그의 말씀을 지키노라.**

56 Your father Abraham rejoiced at the thought of seeing my day; he saw it and was glad."

56 너희 조상 아브라함은 나의 때 볼 것을 즐거워하다가 보고 기뻐하였느니라.

57 **"You are not yet fifty years old,"** they said to him, **"and you have** seen Abraham!"

57 유대인들이 가로되 네가 아직 **오십도 못되었는데 아브라함을 보았느냐?**

58 "Very truly I tell you," Jesus answered, "before Abraham was born, I am!"

58 예수께서 가라사대 진실로 진실로 너희에게 이르노니 **아브라함이 나기 전부터 내가 있느니라 하시니**

59 At this, they picked up stones to stone him, but Jesus hid himself, slipping away from the temple grounds.

59 저희가 돌을 들어 치려하거늘 예수께서 숨어 성전에서 나가시니라.

☛ 8장의 전체적인 개요

본 내용을 잘 묵상해 보면 두 부류의 대조를 알 수 있습니다.

1. 간음죄를 범한여인과 **자신들도 죄의 종이면서** 죄인을 정죄하는 유대인들

2. **"너희 중에 죄 없는 자가 먼저 돌로 치라** if anyone of you is without sin, let him the first to throw a stone at her" 하시니 자신들이 죄인임을 깨닫고 자리는 떠나는 유대인들

3. "죄인을 돌로 치라" 하는 모세의 율법과 "너를 정죄 하지 아니하노라 **Neither do I condemn you**" 하신 예수님의 은혜가 대조를 이루고

4. 예수님을 "사마리아인" 또는 "귀신들린 자" (48)로 보는 유대인들과 즉, 제사장, 서기관 그리고 바리새인들을 "죄의종" (34) "마귀의 자식" (44)으로는 규정하는 예수님

===

특히 예수님이 "하나님"을 자기 아버지(41)라고 부르는 유대인들에게 **"너희는 너희 아비 마귀에서 났으니" (44)라고** 그들의 정체를 선포하심입니다. 이에 대해 그들은 항변조로"네가 누구냐?(25) "너는 너를 누구라 하느냐?" (53)하는 답변을 예수님은 "너희가 너희 아버지라 호칭하는 하나님이 나의 아버지이시다[My Father, whom you claim as ypour God](54) 라고 답변 하십니다.

Chapter 9. Gospel of John
요한복음 9장 날 때부터 맹인된 자

☛ 우리말 속담에 몸이 천량이면 눈이 900량이라 했습니다.

그만큼 중요한 눈(보는 것)에 대한 설교문으로 자주 이용되는 본문입니다.

☛ 신 34:7 모세가 죽을 때 나이가 120인데 눈이 쇠하지 안했다.

7 Moses was a hundred and twenty years old when he died, yet his eyes were not weak nor his strength gone.

☛ 마 6: 23-24 눈이 건강해야 온몸이 건강 하다.

23 But if your eyes are unhealthy,[d] your whole body will be full of darkness. If then the light within you is darkness, how great is that darkness!

☛ 히 11: 1-3 믿음은 바라는 것들의 실상이오.

11 Now faith is confidence in what we hope for and assurance about what we do not see. 2 This is what the ancients were commended for.

☛ 마 18:9 네 눈이 범죄 하거든 뽑아 버리라 외눈으로 천국가라.

And if your eye causes you to stumble, gouge it out and throw it away. It is better for you to enter life with one eye than to have two eyes and be thrown into the fire of hell.

☛ 첫 번째 반응: 이웃사람들 (vs 8-10)

☛ 두 번째 반응: 바리새인들 (vs 11-17)

☛ 세 번째 반응: 그 부모들 (vs 18-20)

☛ 네 번째 반응 : 그 자신의 변화 (vs34-43)

예수님의 호칭이, 그 사람 → 선지자 → 주님으로 변합니다.

★ Jesus Heals a Man Born Blind
날 때부터 맹인된 자를 고치시다.

1 As he went along, he saw a man blind from birth.
1 예수께서 길 가실 때에 **날 때부터 소경된 사람을** 보신지라.

2 His disciples asked him, "Rabbi, who sinned, this man or his parents, that he was born blind?"
2 제자들이 물어 가로되 랍비여 이 사람이 소경으로 난 것이 뉘 죄로 인함이오니이까 **자기오니이까 그 부모오니이까?**

3 "Neither this man nor his parents sinned," said Jesus, "but this happened **so that the works of God might be displayed in him.**
3 예수께서 대답하시되 이 사람이나 그 부모가 죄를 범한 것이 아니라 그에게서 **하나님의 하시는 일을** 나타내고자 하심이니라.

4 As long as it is day, we must do the works of him who sent me. **Night is coming, when no one can work.**
4 때가 아직 낮이매 나를 보내신 이의 일을 우리가 하여야 하리라. 밤이 오리니 그 때는 아무도 일할 수 없느니라.

5 While I am in the world, I am the light of the world."
5 내가 세상에 있는 동안에는 세상의 빛이로라.

6 After saying this, he spit on the ground, made some mud with the saliva, and put it on the man's eyes.
6 이 말씀을 하시고 **땅에 침을 뱉아 진흙을 이겨 그의 눈에 바르시고**

7 "Go," he told him, "wash in the Pool of Siloam" (this word means "Sent"). So the man went and washed, and came home seeing.

7 이르시되 실로암 못에 가서 씻으라 하시니 (실로암은 번역하면 보냄을 받았다는 뜻이라) 이에 가서 씻고 밝은 눈으로 왔더라.

☛ 첫 번째 이웃사람들의 반응입니다.
First responses from his neighbors

8 His neighbors and those who had formerly seen him begging asked, "Isn' t this the same man who used to sit and beg?"

8 이웃 사람들과 및 전에 저가 걸인인 것을 보았던 사람들이 가로되 이는 앉아서 **구걸하던 자가 아니냐?**

9 Some claimed that he was. Others said, "No, he only looks like him." But he himself insisted, **"I am the man."**

9 혹은 그 사람이라 하며 혹은 아니라 그와 비슷하다 하거늘 제 말은 **내가 그로라 하니**

10 "How then were your eyes opened?" they asked.

10 저희가 묻되 그러면 네 눈이 어떻게 떠졌느냐?

11 He replied, **"The man they call Jesus** made some mud and put it on my eyes. He told me to go to Siloam and wash. So I went and washed, and then I could see."

11 대답하되 **예수라 하는 그 사람이** 진흙을 이겨 내 눈에 바르고 나더러 실로암에 가서 씻으라 하기에 가서 씻었더니 보게 되었노라.

11 또한 너희가 이 시기를 알거니와 자다가 깰 때가 벌써 되었으니 이는 이제 우리의 구원이 처음 믿을 때보다 가까웠음이니라.

11 And do this, understanding the present time: The hour has already come for you to wake up from your slumber, because our salvation is nearer now than when we first believed.

12 밤이 깊고 낮이 가까웠으니 그러므로 우리가 어두움의 일을 벗고 빛의 갑옷을 입자.

12 The night is nearly over; the day is almost here. So let us put aside the deeds of darkness and put on the armor of light.

13 낮에와 같이 단정히 행하고 방탕과 술 취하지 말며 음란과 호색하지 말며 쟁투와 시기하지 말고

13 Let us behave decently, as in the daytime, not in carousing and drunkenness, not in sexual immorality and debauchery, not in dissension and jealousy.

14 오직 주 예수 그리스도로 옷 입고 정욕을 위하여 육신의 일을 도모하지 말라.

14 Rather, clothe yourselves with the Lord Jesus Christ, and do not think about how to gratify the desires of the flesh

---

☛ 엡 5:16-18

16 세월을 아끼라 때가 악하니라.

16 Be very careful, then, how you live—not as unwise but as wise, making the most of every opportunity, because the days are evil.

17 그러므로 어리석은 자가 되지 말고 오직 주의 뜻이 무엇인가 이해하라.

17 Therefore do not be foolish, but understand what the Lord's will is.

18 술 취하지 말라. 이는 방탕한 것이니 오직 성령의 충만을 받으라.

18 Do not get drunk on wine, which leads to debauchery. Instead, be filled with the Spirit.

12 "Where is this man?" they asked him. "I don't know," he said.

12 저희가 가로되 그가 어디 있느냐 가로되 알지 못하노라 하니라.

☛ 두 번째 반응은 바리새인들 입니다
The second response comes from Pharisees.

Pharisees began to investigate the healing incident. They tried to kill Jesus by any means through finding some reasons of wrong doings.

13 They brought to the Pharisees the man who had been blind.

13 저희가 전에 소경되었던 사람을 데리고 **바리새인들에게 갔더라.**

14 Now the day on which Jesus had made the mud and opened the man's eyes was a Sabbath.

14 예수께서 진흙을 이겨 눈을 뜨게 하신 날은 안식일이라.

15 Therefore the Pharisees also asked him how he had received his sight. "He put mud on my eyes," the man replied, "and I washed, and now I see."

15 그러므로 바리새인들도 그 어떻게 보게 된 것을 물으니 가로되 그 사람이 진흙을 내 눈에 바르매 내가 씻고 보나이다 하니

16 Some of the Pharisees said, "This man is not from God, for he does not keep the Sabbath." But others asked, "How can a sinner perform such signs?" So they were divided.

16 바리새인 중에 혹은 말하되 **이 사람이 안식일을 지키지 아니하니** 하나님께로서 온 자가 아니라 하며 혹은 말하되 죄인으로서 어떻게 이러한 표적을 행하겠느냐 하여 피차 쟁론이 되었더니

17 Then they turned again to the blind man, "What have you to say about him? It was your eyes he opened." The man replied, "He is a prophet."

17 이에 소경되었던 자에게 다시 묻되 그 사람이 네 눈을 뜨게 하였으니 너는 그를 어떠한 사람이라 하느냐 **대답하되 선지자니이다 한대**

☛ 세 번째 반응은 그의 부모들 입니다
The third response comes from his parents

18 They still did not believe that he had been blind and had received his sight until they sent for the man' s parents.

18 유대인들이 저가 소경으로 있다가 보게 된 것을 믿지 아니하고 **그 부모를 불러 묻되**

19 "Is this your son?" they asked. "Is this the one you say was born blind? How is it that now he can see?"

19 이는 너희 말에 **소경으로 났다 하는 너희 아들이냐** 그러면 지금은 어떻게 되어 보느냐?

20 "We know he is our son," the parents answered, "and we know he was born blind.

20 그 부모가 대답하여 가로되 이가 우리 아들인 것과 **소경으로 난 것을 아나이다.**

21 But how he can see now, or who opened his eyes, we don' t know. **Ask him. He is of age; he will speak for himself."**

21 그러나 지금 어떻게 되어 보는지 또는 누가 그 눈을 뜨게 하였는지 우리는 알지 못하나이다. 저에게 물어 보시오 **저가 장성하였으니 자기 일을 말하리이다.**

22 His parents said this because they were afraid of the Jewish leaders, who already had decided that anyone who acknowledged that Jesus was the Messiah would be put out of the synagogue.

22 그 부모가 이렇게 말한 것은 이미 유대인들이 누구든지 예수를 그리스도로 시인하는 자는 출교하기로 결의하였으므로 저희를 무서워 함이러라.

23 That was why his parents said, "He is of age; ask him."

23 이러므로 그 부모가 말하기를 저가 장성하였으니 저에게 물어 보시오 하였더라.

24 A second time they summoned the man who had been blind. "Give glory to God by telling the truth," they said. "We know this man is a sinner."

24 이에 저희가 소경되었던 사람을 두 번째 불러 이르되 너는 영광을 하나님께 돌리라 우리는 저 사람이 죄인인 줄 아노라.

25 He replied, "Whether he is a sinner or not, I don' t know. One thing I do know. **I was blind but now I see!**"

25 대답하되 그가 죄인인지 내가 알지 못하나 한 가지 아는 것은 내가 소경으로 있다가 **지금 보는 그것이니이다.**

☛ **찬송가 Amazing Grace 405장의 가사**
I was blind but now I see가 바로 여기서 나온 구절입니다
Amazing grace how sweet the sound that saved
a wretch like me I was once lost but now found//
was bkind but now I see

26 Then they asked him, "What did he do to you? How did he open your eyes?"

26 저희가 가로되 그 사람이 네게 무엇을 하였느냐? 어떻게 네 눈을 뜨게 하였느냐?

27 He answered, "I have told you already and you did not listen. Why do you want to hear it again?

27 대답하되 내가 **이미 일렀어도 듣지 아니하고 어찌하여 다시 듣고 자 하나이까? 당신들도 그 제자가 되려 하나이까?**

28 Then they hurled insults at him and said, "You are this fellow's disciple! We are disciples of Moses!

28 저희가 욕하여 가로되 너는 그의 제자나 우리는 모세의 제자라.

29 We know that God spoke to Moses, but as for this fellow, we **don't even know where he comes from.**"

29 하나님이 모세에게는 말씀하신 줄을 우리가 알거니와 이 사람은 어디서 왔는지 알지 못하노라.

30 The man answered, "Now that is remarkable! You don't know where he comes from, yet he opened my eyes.

30 그 사람이 대답하여 가로되 **이상하다 이 사람이 내 눈을 뜨게 하였으되** 당신들이 그가 어디서 왔는지 알지 못하는도다.

31 We know that God does not listen to sinners. He listens to the godly person who does his will.

31 하나님이 죄인을 듣지 아니하시고 경건하여 그의 뜻대로 행하는 자는 들으시는 줄을 우리가 아나이다.

32 Nobody has ever heard of opening the eyes of a man born blind.

32 창세 이후로 소경으로 난 자의 눈을 뜨게 하였다 함을 듣지 못하였으니

33 If this man were not from God, he could do nothing."

33 이 사람이 하나님께로부터 오지 아니하였으면 아무 일도 할 수 없으리이다.

34 To this they replied, "You were steeped in sin at birth; how dare you lecture us!" And they threw him out.

34 저희가 대답하여 가로되 네가 온전히 죄 가운데서 나서 우리를 가르치느냐 하고 이에 쫓아내어 보내니라.

☛ **마지막으로 그 자신의 변화입니다.** Finally his own response
영적인 맹인 Spiritual Blindness / Spiritually Blind

※ 예수님에 대한 호칭이 처음에는 그 사람 다음에는 선지자 마지막으로 주님으로 바뀝니다.

35 Jesus heard that they had thrown him out, and when he found him, he said, "Do **you** believe in the Son of Man?"

35 예수께서 저희가 그 사람을 쫓아냈다 하는 말을 들으셨더니 그를 만나사 가라사대 **네가 인자를 믿느냐?**

36 "Who is he, sir?" the man asked. "Tell me so that I may believe in him."

36 대답하여 가로되 주여 그가 누구시오니이까? 내가 믿고자 하나이다.

37 Jesus said, "You have now seen him; in fact, he is the one speaking with you."

37 예수께서 가라사대 네가 그를 보았거니와 **지금 너와 말하는 자가 그이니라.**

38 Then the man said, "Lord, I believe," and he worshiped him.

38 가로되 주여 내가 믿나이다 하고 절하는지라.

39 Jesus said, [Some early manuscripts do not have Then the man said Jesus said] "For judgment I have come into this world, so that the blind will see and those who see will become blind."

39 예수께서 가라사대 **내가 심판하러 이 세상에 왔으니 보지 못하는 자들은 보게 하고 보는 자들은 소경되게 하려 함이라** 하시니

40 바리새인 중에 예수와 함께 있던 자들이 이 말씀을 듣고 가로되 우리도 소경인가?

40 Some Pharisees who were with him heard him say this and asked, "What? Are we blind too?"

41 예수께서 가라사대 너희가 소경되었다면 죄가 없으려니와 본다고 하니 너희 죄가 그저 있느니라.

41 Jesus said, "If you were blind, you would not be guilty of sin; but **now that you claim you can see, your guilt remains.**

※ 참고로 막 9:43, 45, 47절을 읽어 보십시오.

Chapter 10. Gospel of John

요한복음 10장 선한목자와 그 양떼

The Good Shepherd and His Sheep

☞ 나는 선한 목자라 선한 목자는 양들을 위하여 목숨을 버린다 하는 것이 자신의 정체성을 나타내는 네 번째 말씀으로 10장의 전체적인 주제라 할 수 있습니다.

☞ 특별히 종교 지도자들은 참목자가 아니요 절도요 강도로 비유된 이상 그들을 인정하지 않으려니와 성경에서 그 책망을 들어보면(겔 34장 1-31까지) 분명합니다.

3 너희가 살진 양을 잡아 그 기름을 먹으며 그 털을 입되 양의 무리는 먹이지 아니하는도다.

4 너희가 그 연약한 자를 강하게 아니하며 병든 자를 고치지 아니하며 상한 자를 싸매어 주지 아니하며 쫓긴 자를 돌아오게 아니하며 잃어버린 자를 찾지 아니하고 다만 강포로 그것들을 다스렸도다.

☞ 선한 목자 예수 그리스도와 달리 절도강도로 비유된 삯군은 양들이 듣지 아니한다는 것입니다.

마 23:13절에서 "화있을찐저 외식하는 서기관들과 바리새인들이여 너희는 천국 문을 사람들 앞에서 닫고 너희도 들어가지 않고 들어가려 하는 자도 들어가지 못하게 하는도다" 라고 질책 하여 유대의 종교지도자들을 의미합니다.

1 "Very truly I tell you Pharisees, anyone who does not enter the sheep pen by the gate, but climbs in by some other way, is a thief and a robber.

1 내가 진실로 진실로 너희에게 이르노니 양의 우리에 문으로 들어가지 아니하고 다른 데로 넘어가는 자는 절도며 강도요.

2 The one who enters by the gate is the shepherd of the sheep.

2 문으로 들어가는 이가 양의 목자라.

3 The gatekeeper opens the gate for him, and the sheep listen to his voice. He calls his own sheep by name and leads them out.

3 문지기는 그를 위하여 문을 열고 양은 그의 음성을 듣나니 그가 자기 양의 이름을 각각 불러 인도하여 내느니라.

4 When he has brought out all his own, he goes on ahead of them, and his sheep follow him because they know his voice.

4 자기 양을 다 내어 놓은 후에 앞서 가면 양들이 그의 음성을 아는 고로 따라오되

5 But they will never follow a stranger; in fact, they will run away from him because they do not recognize a stranger's voice."

5 타인의 음성은 알지 못하는 고로 타인을 따르지 아니하고 도리어 도망하느니라.

6 Jesus used this figure of speech, but the Pharisees did not understand what he was telling them.

6 예수께서 이 비유로 저희에게 말씀하셨으나 저희는 그 하신 말씀이 무엇인지 알지 못하니라.

7 Therefore Jesus said again, "Very truly I tell you, I am the gate for the sheep.

7 그러므로 예수께서 다시 이르시되 내가 진실로 진실로 너희에게 말하노니 나는 양의 문이라.

8 All who have come before me are thieves and robbers, but the sheep have not listened to them.

8 나보다 먼저 온 자는 다 절도요 강도니 양들이 듣지 아니하였느니라.

9 I am the gate; whoever enters through me will be saved. [Or kept safe] They will come in and go out, and find pasture.

9 내가 문이니 누구든지 나로 말미암아 들어가면 구원을 얻고 또는 들어가며 나오며 꼴을 얻으리라.

10 The thief comes only to steal and kill and destroy; I have come that they may have life, and have it to the full.

10 도적이 오는 것은 도적질하고 죽이고 멸망시키려는 것뿐이요 내가 온 것은 양으로 생명을 얻게 하고 더 풍성히 얻게 하려는 것이라.

11 "I am the good shepherd. The good shepherd lays down his life for the sheep.

11 나는 선한 목자라 선한 목자는 양들을 위하여 목숨을 버리거니와

12 The hired hand is not the shepherd and does not own the sheep. So when he sees the wolf coming, he abandons the sheep and runs away. Then the wolf attacks the flock and scatters it.

12 삯군은 목자도 아니요 양도 제 양이 아니라 이리가 오는 것을 보면 양을 버리고 달아나나니 이리가 양을 늑탈하고 또 헤치느니라.

13 The man runs away because he is a hired hand and cares nothing for the sheep.

13 달아나는 것은 저가 삯군인 까닭에 양을 돌아보지 아니함이나

14 I am the good shepherd; I know my sheep and my sheep know me

14 나는 선한 목자라 내가 내 양을 알고 양도 나를 아는 것이

15 just as the Father knows me and I know the Father—and I lay down my life for the sheep.

15 아버지께서 나를 아시고 내가 아버지를 아는 것 같으니 나는 양을 위하여 목숨을 버리노라.

16 I have other sheep that are not of this sheep pen. I must bring them also. They too will listen to my voice, and there shall be one flock and one shepherd.

16 또 이 우리에 들지 아니한 다른 양들이 내게 있어 내가 인도하여야 할 터이니 저희도 내 음성을 듣고 한 무리가 되어 한 목자에게 있으리라.

17 The reason my Father loves me is that I lay down my life —only to take it up again.

17 아버지께서 나를 사랑하시는 것은 내가 다시 목숨을 얻기 위하여 목숨을 버림이라.

18 No one takes it from me, but I lay it down of my own accord. I have authority to lay it down and authority to take it up again. This command I received from my Father."

18 이를 내게서 빼앗는 자가 있는 것이 아니라 내가 스스로 버리노라 나는 **버릴 권세도 있고 다시 얻을 권세도 있으니 이 계명은 내 아버지에게게서 받았노라** 하시니라.

☛ **롬 13:1-2 권세에 관하여 Submission to the authorities**

1 각 사람은 위에 있는 권세들에게 굴복하라 권세는 하나님께로 나지 않음이 없나니 모든 권세는 다 하나님의 정하신 바라.

1 Let everyone be subject to the governing authorities, for there is no authority except that which God has established. The authorities that exist have been established by God.

2 그러므로 권세를 거스리는 자는 하나님의 명을 거스림이니 거스리는 자들은 심판을 자취하리라.

2 Consequently, whoever rebels against the authority is rebelling against what God has instituted, and those who do so will bring judgment on themselves.

☛ **마 28:18-20 지상명령 Great commision**

18 예수께서 나아와 일러 가라사대 하늘과 땅의 모든 권세를 내게 주셨으니

18 Then Jesus came to them and said, "All authority in heaven and on earth has been given to me.

19 그러므로 너희는 가서 모든 족속으로 제자를 삼아 아버지와 아들과 성령의 이름으로 세례를 주고

19 Therefore go and make disciples of all nations, baptizing them in the name of the Father and of the Son and of the Holy Spirit,

20 내가 너희에게 분부한 모든 것을 가르쳐 지키게 하라 볼찌어다 내가 세상 끝날까지 너희와 항상 함께 있으리라 하시니라.

20 and teaching them to obey everything I have commanded you. And surely I am with you always, to the very end of the age."

19 The Jews who heard these words were again divided.

19 이 말씀을 인하여 유대인 중에 다시 분쟁이 일어나니

20 Many of them said, "He is demon-possessed and raving mad. Why listen to him?"

20 그 중에 많은 사람이 말하되 저가 귀신들려 미쳤거늘 어찌하여 그 말을 듣느냐 하며

21 But others said, "These are not the sayings of a man possessed by a demon. Can a demon open the eyes of the blind?"

21 **혹은 말하되 이 말은 귀신들린 자의 말이 아니라 귀신이 소경의 눈을 뜨게** 할 수 있느냐 하더라.

☞ Further Conflict Over Jesus' Claims
(Umbelief of the Jews) 유대인들의 불신앙

22 Then came the Festival of Dedication [That is, Hanukkah] at Jerusalem. It was winter,

22 예루살렘에 수전절(하누카)이 이르니 때는 겨울이라.

23 and Jesus was in the temple courts walking in Solomon's Colonnade.

23 예수께서 성전 안 솔로몬 행각에서 다니시니

24 The Jews who were there gathered around him, saying, "How long will you keep us in suspense? If you are the Messiah, tell us plainly."

24 유대인들이 에워싸고 가로되 당신이 언제까지나 우리 마음을 의혹케 하려나이까? 그리스도여든 밝히 말하시오 하니

25 Jesus answered, "I did tell you, but you do not believe. The works I do in my Father's name testify about me,

25 예수께서 대답하시되 내가 너희에게 말하였으되 믿지 아니하는도다. 내가 내 아버지의 이름으로 행하는 일들이 나를 증거하는 것이어늘

26 but you do not believe because you are not my sheep.

26 너희가 내 양이 아니므로 믿지 아니하는도다.

27 My sheep listen to my voice; I know them, and they follow me.

27 내 양은 내 음성을 들으며 나는 저희를 알며 저희는 나를 따르느니라.

28 I give them eternal life, and they shall never perish; no one will snatch them out of my hand.

28 내가 저희에게 영생을 주노니 영원히 멸망치 아니할 터이요 또 저희를 내 손에서 빼앗을 자가 없느니라.

29 My Father, who has given them to me, is greater than all [Many early manuscripts What my Father has given me is greater than all]; no one can snatch them out of my Father's hand.

29 저희를 주신 내 아버지는 만유보다 크시매 아무도 아버지 손에서 빼앗을 수 없느니라.

30 I and the Father are one.

30 나와 아버지는 하나이니라 하신대

31 Again his Jewish opponents picked up stones to stone him,

31 유대인들이 다시 돌을 들어 치려하거늘

32 but Jesus said to them, "I have shown you many good works from the Father. For which of these do you stone me?"

32 예수께서 대답하시되 내가 아버지께로 말미암아 여러 가지 선한 일을 너희에게 보였거늘 그 중에 어떤 일로 나를 돌로 치려 하느냐?

33 "We are not stoning you for any good work," they replied, "but for blasphemy, because you, a mere man, claim to be God."

33 유대인들이 대답하되 선한 일을 인하여 우리가 너를 돌로 치려는 것이 아니라 참람함을 인함이니 네가 사람이 되어 자칭 하나님이라 함이로라.

34 Jesus answered them, "Is it not written in your Law", 'I have said you are "gods" ' [Psalm 82:6]?

34 예수께서 가라사대 너희 율법에 기록한 바 내가 너희를 신이라 하였노라 하지 아니하였느냐?

35 If he called them 'gods,' to whom the word of God came —and Scripture cannot be set aside—

35 성경은 폐하지 못하나니 하나님의 말씀을 받은 사람들을 신이라 하셨거든

36 what about the one whom the Father set apart as his very own and sent into the world? Why then do you accuse me of blasphemy because I said, 'I am God's Son'?

36 하물며 아버지께서 거룩하게 하사 세상에 보내신 자가 나는 하나님 아들이라 하는 것으로 너희가 어찌 참람하다 하느냐?

37 Do not believe me unless I do the works of my Father.

37 만일 내가 내 아버지의 일을 행치 아니하거든 나를 믿지 말려니와

38 But if I do them, even though you do not believe me, believe the works, that you may know and understand that the Father is in me, and I in the Father."

38 내가 행하거든 나를 믿지 아니할찌라도 그 일은 믿으라. 그러면 너희가 아버지께서 내 안에 계시고 내가 아버지 안에 있음을 깨달아 알리라 하신대

39 Again they tried to seize him, but he escaped their grasp.

39 저희가 다시 예수를 잡고자 하였으나 그 손에서 벗어나 나가시니라.

40 Then Jesus went back across the Jordan to the place where John had been baptizing in the early days. There he stayed,

40 다시 요단 강 저편 요한이 처음으로 세례 주던 곳에 가사 거기 거하시니

41 and many people came to him. They said, "Though John never performed a sign, all that John said about this man was true."

41 많은 사람이 왔다가 말하되 요한은 아무 표적도 행치 아니하였으나 요한이 이 사람을 가리켜 말한 것은 다 참이라 하더라.

42 And in that place many believed in Jesus.

42 그리하여 거기서 많은 사람이 예수를 믿으니라.

Chapter 11. Gospel of John
요한복음 11장 나사로의 죽음

☞ 부활(Resurrection)이라는 용어는 예수님에게 만 쓰이는 용어입니다.

나사로가 살아난 것은 소생(Revival)이지 부활이 아닙니다. 부활은 살아나서 다시 죽지 아니하지만 소생은 결국 죽는 것입니다. 예루살렘 아랫동네 베다니에는 예수님이 사랑하는 마리아, 마르다, 나사로 그리고 12장에 나오는 나병환자 시몬이 살고 있었습니다.

☞ 11장 3절에 주여 주님이 사랑하시는 자라는 말은 이들입니다. 9장의 날 때부터 소경된 자의 치유와 여기 나사로의 소생은 하나님의 **영광을 나타내려는 표적들입니다.**

1 어떤 병든 자가 있으니 이는 마리아와 그 형제 마르다의 촌 베다니에 사는 나사로라.

1 Now a man named Lazarus was sick. He was from Bethany, the village of Mary and her sister Martha.

2 이 마리아는 향유를 주께 붓고 머리털로 주의 발을 씻기던 자요 병든 나사로는 그의 오라비러라.

2 This Mary, whose brother Lazarus now lay sick, was the same one who poured perfume on the Lord and wiped his feet with her hair.

3 이에 그 누이들이 예수께 사람을 보내어 가로되 주여 보시옵소서. 사랑하시는 자가 병들었나이다 하니

3 So the sisters sent word to Jesus, "Lord, the one you love is sick."

4 예수께서 들으시고 가라사대 이 병은 죽을 병이 **아니라 하나님의 영광을 위함이요** 하나님의 아들로 이를 인하여 영광을 얻게 하려 함이라 하시더라.

4 When he heard this, Jesus said, "This sickness will not end in death. No, it is for God' s glory so that God' s Son may be **glorified through it.**"

5 예수께서 본래 마르다와 그 동생과 나사로를 사랑하시더니

5 Now Jesus loved Martha and her sister and Lazarus.

6 나사로가 병들었다 함을 들으시고 **그 계시던 곳에서 이틀을 더 유하시고**

6 So when he heard that Lazarus was sick, he stayed where **he was two more days,**

7 그 후에 제자들에게 이르시되 **유대로 다시 가자** 하시니

7 and then he said to his disciples, "Let us go back to Judea."

8 제자들이 말하되 랍비여 방금도 유대인들이 돌로 치려하였는데 또 그리로 가시려 하나이까?

8 "But Rabbi," they said, "a short while ago the Jews there tried **to stone you, and yet you are going back?"**

9 예수께서 대답하시되 낮이 열두 시가 아니냐? **사람이 낮에 다니면** 이 세상의 빛을 보므로 실족하지 아니하고

9 Jesus answered, "Are there not twelve hours of daylight? Anyone who walks in the daytime will not stumble, for they see by this world's light.

10 **밤에 다니면 빛이** 그 사람 안에 없는 고로 실족하느니라.

10 It is when a person walks at night that they stumble, **for they have no light."**

11 이 말씀을 하신 후에 또 가라사대 **우리 친구 나사로가** 잠들었도다. **그러나 내가 깨우러 가노라.**

11 After he had said this, he went on to tell them, "Our friend Lazarus has fallen asleep; but I am going there to wake him up."

12 제자들이 가로되 주여 잠들었으면 낫겠나이다 하더라.

12 His disciples replied, "Lord, if he sleeps, he will get better."

13 예수는 그의 죽음을 가리켜 말씀하신 것이나 저희는 잠들어 **쉬는 것을 가리켜 말씀하심인 줄 생각하는지라.**

13 Jesus had been **speaking of his death,** but his disciples thought he meant natural sleep.

14 이에 예수께서 밝히 이르시되 나사로가 죽었느니라.

14 So then he told them plainly, "Lazarus is dead,

15 내가 거기 있지 아니한 것을 너희를 위하여 기뻐하노니 이는 너희로 **믿게 하려 함이라** 그러나 그에게로 가자 하신대

15 and for your sake I am glad I was not there, so that you may believe. **But let us go to him.**"

16 디두모라 하는 도마가 다른 제자들에게 말하되 우리도 주와 함께 죽으러 가자 하니라.

16 Then Thomas **(also known as Didymus[a])** said to the rest of the disciples, "Let us also go, that we may die with him."

☞ Jesus comforts sisters
예수님이 자매들을 위로하시다

17 예수께서 와서 보시니 나사로가 무덤에 있은 지 **이미 나흘이라**

17 On his arrival, Jesus found that Lazarus had already been in the **tomb for four days.**

18 베다니는 예루살렘에서 가깝기가 한 오 리쯤 되매

18 Now Bethany was less than two miles[b] from Jerusalem,

19 많은 유대인이 마르다와 마리아에게 **그 오라비의 일로 위문하러** 왔더니

19 and many Jews had come to Martha and Mary to comfort them in the loss of their brother.

20 마르다는 예수 오신다는 말을 듣고 곧 나가 맞되 마리아는 집에 앉았더라.

20 When Martha heard that Jesus was coming, she went out to meet him, but Mary stayed at home.

☞ 여기서 우리 친구 나사로라는 말에서 **친구라는 말을 생각해 봅시다.**

구약에 나오는 **다윗과 요나단의 우정**은 일반 사람들이 Damon and Phydias라는 용어로 알려져 있고 **예수님과 요한의 관계**도 친구라고 표현되어 있습니다.

***요 3:29** 신부를 취하는 자는 신랑이나 서서 신랑의 음성을 듣는 친구가 크게 기뻐하나니 나는 이런 기쁨으로 충만 하였느니라.

29 The bride belongs to the bridegroom. The friend who attends the bridegroom waits and listens for him, and is full of joy when he hears the bridegroom's voice. That joy is mine, and it is now complete.

***요 15:15** 이제부터 너희를 종이라 하지 아니하려니 종은 주인이 하는 것을 알지 못 함이라 너희를 친구라 하였나니 내가 아버지께로부터 들은 것을 다 너희들에게 알게 하려 함이니라

15 I no longer call you servants, because a servant does not know his master's business. Instead, I have called you friends, for everything that I learned from my Father I have made known to you.

***요 3:30** 그 는 흥하여야 하겠고 나는 쇠하여야 하리라 하니
He must become greater and I must become less
주님의 기쁨을 알게 하는 친구라 말씀과 같음. 세상적으로 오래된 것이 좋은 것은 친구와 책과 술이라 했습니다.

21 마르다가 예수께 여짜오되 **주께서 여기 계셨더면 내 오라비가 죽지 아니하였겠나이다.**

21 "Lord," Martha said to Jesus, "if you had been here, my brother would not have died.

22 그러나 나는 이제라도 **주께서 무엇이든지 하나님께 구하시는 것**을 하나님이 주실 줄을 아나이다.

22 **But I know** that even now God will give you whatever you ask."

23 예수께서 가라사대 네 오라비가 다시 살리라.

23 Jesus said to her, "Your brother will rise again."

24 마르다가 가로되 마지막 날 부활에는 다시 살 줄을 **내가 아나이다.**

24 Martha answered, "I know he will rise again in the resurrection at the last day."

☯ 마리아와 마르다의 다른 자세

언니 마르다는 활동적으로 일을 하고 마리아는 경청하는 자세 24절에서도 그녀가 믿는다는 말 대신 **아나이다(I know)**라고 말하고 일도하지 않고 있는 동생을 꾸짖어 달라고 **눅 10:38-40절에 보면** 마르다는 준비하는 일이 많아 마음이 분주 한지라. 예수께 나아가 가로되 "주여 내 동생이 나 혼자 일하게 두는 것을 생각 아니하시나이까? 저를 명하여 나를 도와주라 하소서.

39 She had a sister called Mary, who sat at the Lord's feet listening to what he said. 40 But Martha was distracted by all the preparations that had to be made. She came to him and asked, "Lord, don't you care that my sister has left me to do the work by myself? Tell her to help me

28-32절까지 마르다와 마리아의 믿음을 비교 해봅시다.

25 예수께서 가라사대 **나는 부활이요 생명이니 나를 믿는 자는** 죽어도 살겠고

25 Jesus said to her, "I am the resurrection and the life. The one who believes in me will live, even though they die;

26 무릇 살아서 나를 믿는 자는 영원히 죽지 아니하리니 이것을 네가 믿느냐?

26 and whoever lives by believing in me will never die. Do you believe this?"

27 가로되 주여 그러하외다 주는 그리스도시요 세상에 오시는 하나님의 아들이신 줄 내가 믿나이다.

27 "Yes, Lord," she replied, "I believe that you are the Messiah, the Son of God, who is to come into the world."

28 이 말을 하고 돌아가서 가만히 그 형제 마리아를 불러 말하되 선생님이 오셔서 **너를 부르신다 하니**

28 After she had said this, she went back and called her sister Mary aside. "The Teacher is here," she said, "and is asking for you."

29 마리아가 이 말을 듣고 **급히 일어나** 예수께 나아가매

29 When Mary heard this, she got up quickly and went to him.

30 예수는 아직 마을로 들어오지 아니하시고 마르다의 맞던 곳에 그저 계시더라.

30 Now Jesus had not yet entered the village, but was still at the place where Martha had met him.

31 마리아와 함께 집에 있어 위로하던 유대인들은 그의 **급히 일어나** 나가는 것을 보고 곡하러 무덤에 가는 줄로 생각하고 따라가더니

31 When the Jews who had been with Mary in the house, comforting her, noticed how quickly she got up and went out, they followed her, supposing she was going to the tomb to mourn there.

32 마리아가 예수 계신 곳에 와서 보이고 **그 발 앞에 엎드리어** 가로되 **주께서 여기 계셨더면 내 오라비가 죽지 아니하였겠나이다** 하더라.

32 When Mary reached the place where Jesus was and saw him, she fell at his feet and said, "Lord, if you had been here, my brother would not have died."

33 예수께서 그의 우는 것과 또 함께 온 유대인들의 우는 것을 보시고 **심령에 통분히 여기시고 민망히 여기사**

33 When Jesus saw her weeping, and the Jews who had come along with her also weeping, he was deeply moved in spirit and troubled.

34 가라사대 그를 어디 두었느냐 가로되 주여 와서 보옵소서 하니

34 **"Where have you laid him?"** he asked. "Come and see, Lord," they replied.

35 **예수께서 눈물을 흘리시더라. (주께서 우셨다)**

35 Jesus wept. *성경에서 가장 짧은 구절

36 이에 유대인들이 말하되 **보라 그를 어떻게 사랑하였는가** 하며

36 Then the Jews said, "See how he loved him!"

37 그 중 어떤 이는 말하되 소경의 눈을 뜨게 한 이 사람이 그 사람은 죽지 않게 할 수 없었더냐 하더라.

37 But some of them said, "Could not he who opened the eyes of the blind man have kept this man from dying?"

38 이에 예수께서 다시 속으로 통분히 여기시며 무덤에 가시니 무덤
이 굴이라 돌로 막았거늘

38 Jesus, once more deeply moved, came to the tomb. It was
a cave with a stone laid across the entrance.

> ☞ **43절에 나사로야 나오너라. 그가 죽은 지 나흘이나** 되었는데
> 이런 말을 할 수 있는가? 그러나 전능하신 예수께는 시간을 초월해
> 서 이적과 기사를 베푸시는 분이십니다. 어제나 오늘이나 영원토록
> 변함이 없는 분이십니다(히 13:8).
>
> ☞ **돌을(장애물) 치우라에** 대한 마르다의 반응은 부정적입니다.
> 믿습니다 라는 말 대신 알고 있습니다 라고 말 합니다.
> *히 11:1 믿음은 바라는 것들의 실상이요 보지 못하는 것들의 증
> 거이니 선진들이 이것으로 증거를 얻었느니라.
> 11 Now faith is confidence in what we hope for and assurance
> about what we do not see. 2 This is what the ancients were
> commended for.
>
> ☞ 41절에 **눈을 들어 우러러 보시고 가라사대** 아버지여 내 말을
> 들으신 것을 감사하나이다.
> *시 50:13-15 감사기도 시 50:15 환난의 날에 나를 부르라 내가
> 너를 건지리니 네가 나를 영화롭게 하리라.
> *렘 33:3 너는 나에게 부르짖으라. 내가 네게 응답 하겠고 네가
> 알지 못하는 크고 비밀한 것을 너에게 보이리라.

39 예수께서 가라사대 **돌을 옮겨 놓으라** 하시니 그 죽은 자의 누이 마
르다가 가로되 주여 죽은 지가 나흘이 되었으매 **벌써 냄새가 나나이다.**

39 "Take away the stone," he said. "But, Lord," said
Martha, the sister of the dead man, "by this time **there is a
bad odor**, for he has been there four days."

40 예수께서 가라사대 내 말이 **네가 믿으면 하나님의 영광을 보리라** 하지 아니하였느냐 하신대

40 Then Jesus said, "Did I not tell you that if you believe, you will see the glory of God?"

41 돌을 옮겨 놓으니 예수께서 **눈을 들어 우러러 보시고** 가라사대 아버지여 내 말을 들으신 것을 감사하나이다.

41 So they took away the stone. Then Jesus looked up and said, "Father, I thank you that you have heard me.

42 **항상 내 말을 들으시는 줄을 내가 알았나이다.** 그러나 이 말씀하옵는 것은 둘러선 무리를 위함이니 곧 아버지께서 나를 보내신 것을 저희로 믿게 하려 함이니이다.

42 I knew that you always hear me, but I said this for the benefit of the people standing here, that they may believe that you sent me."

43 이 말씀을 하시고 큰 소리로 **나사로야 나오라** 부르시니

43 When he had said this, Jesus called in a loud voice, "Lazarus, come out!"

44 죽은 자가 **수족을** 베로 동인 채로 나오는데 그 얼굴은 수건에 싸였더라. 예수께서 가라사대 풀어 놓아 다니게 하라 하시니라.

44 The dead man came out, his hands and feet wrapped with strips of linen, and a cloth around his face. Jesus said to them, "Take off the grave clothes and let him go."

☛ The Plot to kill Jesus
예수를 죽이려는 음모

45 마리아에게 와서 예수의 하신 일을 본 많은 **유대인이 저를 믿었으나**

45 Therefore many of the Jews who had come to visit Mary, and had seen what Jesus did, believed in him.

46 그 중에 어떤 자는 바리새인들에게 가서 **예수의 하신 일을 고하니라.**

46 But some of them went to the Pharisees and told them what Jesus had done.

47 이에 대제사장들과 바리새인들이 공회를 모으고 가로되 이 사람이 **많은 표적을 행하니** 우리가 어떻게 하겠느냐?

47 Then the chief priests and the Pharisees called a meeting of the Sanhedrin. "What are we accomplishing?" they asked. "Here is this man performing many signs.

48 만일 저를 이대로 두면 모든 사람이 저를 믿을 것이요 그리고 로마인들이 와서 **우리 땅과 민족을 빼앗아 가리라 하니**

48 If we let him go on like this, everyone will believe in him, and then the Romans will come and take away both our temple and our nation."

49 그 중에 한 사람 그 해 **대제사장인 가야바가 저희에게 말하되** 너희가 아무것도 알지 못하는도다.

49 Then one of them, named Caiaphas, who was high priest that year, spoke up, "You know nothing at all!

50 한 사람이 백성을 위하여 죽어서 온 민족이 망하지 않게 되는 것
이 너희에게 유익한 줄을 생각지 아니 하는도다 하였으니

50 You do not realize that it is better for you that one man
die for the people than that the whole nation perish."

51 이 말은 스스로 함이 아니요 **그 해에 대제사장이므로** 예수께서
그 민족을 위하시고

51 He did not say this on his own, but as high priest that
year he prophesied that Jesus would die for the Jewish nation,

52 또 그 민족만 위할 뿐 아니라 흩어진 하나님의 자녀를 모아 하나
가 되게 하기 위하여 죽으실 것을 미리 말함이러라.

52 and not only for that nation but also for the scattered
children of God, to bring them together and make them one.

53 **이 날부터는 저희가 예수를 죽이려고 모의하니라.**
53 **So from that day on they plotted to take his life.**

54 그러므로 예수께서 **다시 유대인 가운데 드러나게 다니지 아니하
시고** 여기를 떠나 빈 들 가까운 곳인 에브라임이라는 동네에 가서 제
자들과 함께 거기 유하시니라.

54 Therefore Jesus no longer moved about publicly among the
people of Judea. Instead he withdrew to a region near the
wilderness, to a village called Ephraim, where he stayed with
his disciple.

55 유대인의 유월절이 가까우매 많은 사람이 자기를 성결케 하기 위하여 유월절 전에 시골서 예루살렘으로 올라갔더니

55 When it was almost time for the Jewish Passover, many went up from the country to Jerusalem for their ceremonial cleansing before the Passover.

56 저희가 예수를 찾으며 성전에 서서 서로 말하되 너희 생각에는 어떠하뇨? 저가 명절에 오지 아니하겠느냐 하니

56 They kept looking for Jesus, and as they stood in the temple courts they asked one another, "What do you think? Isn' t he coming to the festival at all?"

57 이는 대제사장들과 바리새인들이 누구든지 **예수 있는 곳을 알거든** 고하여 잡게 하라 명령하였음이니라.

57 But the chief priests and the Pharisees had given orders that **anyone who found out where Jesus was should report it so that they** might arrest him.

Chapter 12. Gospel of John
요한복음 12장 영광의 입성

성경에는 예수님의 사역지역 중 베다니에를 세 번 들립니다(눅 10, 요 11). 그런데 본장에서는 병을 치유해 준 문둥병자 시몬의 집에 들려 만찬을 하는 유월절 6일전 이야기인데 마리아가 예수님의 몸에 향유를 마태와 마가(마 26:6-13 막 14:3-9)는 **머리에 부었다** 하고 본장 3절에서는 **발아래 부었다고** 쓰여 있으니 혼동이 됩니다마는 주제는 마리아의 예수님 죽음에 대한 통찰력입니다.

☞ 따라서 본장은 만찬이 이후 예루살렘에 입성하고 겟세마네 동산에서 기도하는 장면의 구절입니다. **눅 22:44 예수께서 힘쓰고 애써서 간절히 기도하니 땀이 땅에 떨어지는 핏 방울같이 되더라.**

44 And being in anguish, he prayed more earnestly, and his sweat was like drops of blood falling to the ground.[c]

1 유월절 엿새 전에 예수께서 베다니에 이르시니 이곳은 예수께서 죽은 자 가운데서 살리신 **나사로의 있는 곳이라.**

1 Six days before the Passover, Jesus came to Bethany, where **Lazarus lived**, whom Jesus had raised from the dead.

2 거기서 예수를 위하여 잔치할새 **마르다는 일**을 보고 나사로는 예수와 함께 앉은 자 중에 있더라.

2 Here a dinner was given in Jesus' honor. **Martha served,** while Lazarus was among those reclining at the table with him.

3 **마리아는 지극히 비싼 향유 곧 순전한 나드 한 근을 가져다가** 예수의 **발에 붓고** 자기 머리털로 그의 발을 씻으니 향유 냄새가 집에 가득하더라.

3 Then Mary took about a pint[Or about 0.5 liter] of pure nard, an expensive perfume; she poured it on Jesus' feet and wiped his feet with her hair. And the house was filled with the fragrance of the perfume.

4 제자 중 하나로서 예수를 잡아 줄 **가룟 유다가 말하되**

4 But one of his disciples, **Judas Iscariot,** who was later to betray him, objected,

5 이 향유를 어찌하여 삼백 데나리온에 팔아 **가난한 자들에게 주지** 아니 하였느냐 하니

5 "Why wasn't this perfume sold and the money given **to the poor?** It was worth a year's wages.[Greek three hundred denarii]"

6 이렇게 말함은 가난한 자들을 생각함이 아니요 저는 도적이라 돈궤를 맡고 거기 넣는 것을 훔쳐 감이러라.(Box 기사 참조)

6 **He did not say this because he cared about the poor** but because **he was a thief;** as keeper of the money bag, he used to help himself to what was put into it.

7 예수께서 가라사대 저를 가만 두어 나의 장사할 날을 위하여 이를 두게 하라.

7 "Leave her alone," Jesus replied. "It was intended that she should save this perfume **for the day of my burial.**

8 가난한 자들은 **항상 너희와 함께 있거니와** 나는 항상 있지 아니하리라 하시니라.

8 You will **always have the poor among you,**[See Deut. 15:11.] but you will not always have me."

9 유대인의 큰 무리가 예수께서 여기 계신 줄을 알고 오니 이는 예수만 위함이 아니요 죽은 자 가운데서 살리신 **나사로도 보려 함이러라.**

9 Meanwhile a large crowd of Jews found out that Jesus was there and came, not only because of him **but also to see Lazarus,** whom he had raised from the dead.

10 대제사장들이 **나사로까지 죽이려고 모의하니**

10 So the chief priests made plans to kill Lazarus as well,

11 나사로 까닭에 많은 유대인이 가서 **예수를 믿음이러라.**

11 **for on account of him** many of the Jews were going over to Jesus and believing in him.

☛ 예수님은 가룻 유다가 배신할 줄을 알고 계시면서 회개할 기회를 여러 번 주었으나 결국 배신을 하자 이렇게 말씀 하십니다.

* "인자는 자기에게 대하여 기록된 대로 가거니와 인자를 파는 그 사람에게는 화가 있으리로다. **그 사람은 차라리 나지 아니하였더면 제게 좋을 뻔하였느니라 하시니라**" 하시고(막 14:21)
21 The Son of Man will go just as it is written about him. But woe to that man who betrays the Son of Man! **It would be better for him if he had not been born."** Mk 14:21

가난한 자들에 대한 구제에 대하여는 구약 성구를 인용하셨습니다.

* **"땅에는 언제든지 가난한 자가 그치지** 아니하겠으므로 내가 네게 명하여 이르노니 너는 반드시 네 경내 네 형제의 곤란한 자와 궁핍한 자에게 네 손을 펼지니라(신 15:11)" .

---

11 There will always be poor people in the land. Therefore I command you to be openhanded toward your fellow Israelites who are poor and needy in your land.
* **"내가 진실로 너희에게 이르노니** 온 천하에 어디서든지 이 복음이 전파되는 곳에는 이 여자의 행한 일도 말하여 저를 기념하리라(마 26:13)."
13 Truly I tell you, wherever this gospel is preached throughout the world, what she has done will also be told, in memory of her."

민심이 예수님에게 미치게 되니 유대인들은 불안해지고 예수를 제거하려는 음모와 죽이고 싶은 기원을 합니다. 그러나 민심은 호산나를 부르짖으면서 예수를 환영합니다.

☀ **시 118:25-26**

25여호와여 구하옵나니 이제 구원하소서 여호와여 우리가 구하옵나니 이제 형통케 하소서.

25 Lord, save us! Lord, grant us success!

26 여호와의 이름으로 오는 자가 복이 있음이여 우리가 여호와의 집에서 너희를 축복하였도다.

26 Blessed is he who comes in the name of the Lord.   From the house of the Lord we bless you.

☀ **계 7:9-10**

9 이 일 후에 내가 보니 각 나라와 족속과 백성과 방언에서 아무라도 능히 셀 수 없는 큰 무리가 흰 옷을 입고 손에 종려가지를 들고 보좌 앞과 어린 양 앞에 서서

9 After this I looked, and there before me was a great multitude that no one could count, from every nation, tribe, people and language, standing before the throne and before the Lamb. They were wearing white robes and were holding palm branches in their hands.

10 큰 소리로 외쳐 가로되 구원하심이 보좌에 앉으신 우리 하나님과 어린 양에게 있도다 하니

10 And they cried out in a loud voice: "Salvation belongs to our God, who sits on the throne,and to the Lamb."

☀ **막 10:33-34**

33 보라 우리가 예루살렘에 올라가노니 인자가 대제사장들과 서기관들에게 넘기우매

33 They will condemn him to death and will hand him over to the Gentiles, 저희가 죽이기로 결안하고 이방인들에게 넘겨주겠고

34 그들은 능욕하며 침 뱉으며 채찍질하고 죽일 것이니 저는 삼 일 만에 살아나리라 하시니라

34 who will mock him and spit on him, flog him and kill him. Three days later he will rise."

☛ The Triumphant Entry
영광의 입성

12 그 이튿날에는 명절에 온 큰 무리가 예수께서 예루살렘으로 오신다 함을 듣고

12 The next day the great crowd that had come for the festival heard that **Jesus was on his way** to Jerusalem.

13 종려나무 가지를 가지고 맞으러 나가 외치되 **호산나 찬송하리로다** 주의 이름으로 오시는 이 곧 이스라엘의 왕이시여 하더라.

13 They took palm branches and went out to meet him, shouting, "Hosanna![d]" A Hebrew expression meaning "Save!" which became an exclamation of praise

"Blessed is he who comes in the name of the Lord!" [e]Psalm 118:25,26 "Blessed is the king of Israel!"

14 예수는 **한 어린 나귀를 만나서 타시니**

14 Jesus found a young donkey and sat on it, as it is written:

15 이는 **기록된 바** 시온 딸아 두려워 말라. 보라 너의 왕이 나귀 새끼를 타고 오신다 함과 같더라.

15 "Do not be afraid, Daughter Zion; see, your king is coming, seated **on a donkey' s colt.**" [f]Zech. 9:9

16 제자들은 처음에 이 일을 깨닫지 못하였다가 **예수께서 영광을 얻으신 후에야** 이것이 예수께 대하여 기록된 것임과 사람들이 예수께 이같이 한 것인 줄 생각났더라.

16 At first his disciples did not understand all this. **Only after Jesus was glorified** did they realize that these things had been written about him and that these things had been done to him.

☀계 5:9-10 새 노래를 노래하여 가로되 책을 가지시고 그 인봉을 떼기에 합당하시도다. 일찍 죽임을 당하사 각 족속과 방언과 백성과 나라 가운데서 사람들을 피로 사서 하나님께 드리시고

9 And they sang a new song, saying: "You are worthy to take the scroll and to open its seals, because you were slain, and with your blood you purchased for God persons from every tribe and language and people and nation.

10 저희로 우리 하나님 앞에서 나라와 제사장을 삼으셨으니 저희가 땅에서 왕 노릇 하리로다 하더라.

10 You have made them to be a kingdom and priests to serve our God, and they will reign[b] on the earth."

☀12:24절 내가 진실로 진실로 너희에게 이르노니 **한 알의 밀이 땅에 떨어져 죽지 아니하면 한 알 그대로 있고 죽으면 많은 열매를 맺느니라.**

17 나사로를 무덤에서 불러내어 죽은 자 가운데서 살리실 때에 함께 있던 **무리가 증거한지라.**

17 Now the crowd that was with him when he called Lazarus from the tomb and raised him from the dead continued to spread the word.

18 이에 무리가 예수를 맞음은 이 **표적 행하심을 들었음이러라.**

18 Many people, because they had heard that he had performed this sign, went out to meet him.

19 바리새인들이 서로 말하되 볼지어다 너희 하는 일이 쓸데없다 보라 **온 세상이 저를 좇는도다** 하니라.

19 So the Pharisees said to one another, "See, this is getting us nowhere. Look how the whole world has gone after him!"

20 명절에 예배하러 올라온 사람 중에 **헬라인 몇이 있는데**

20 Now there were **some Greeks among those** who went up to worship at the festival

21 저희가 갈릴리 벳새다 사람 **빌립에게 가서 청하여 가로되** 선생이여 우리가 예수를 뵈옵고자 하나이다 하니

21 They came to Philip, who was from Bethsaida in Galilee, with a request. "Sir," they said, "we would like to see Jesus."

22 빌립이 안드레에게 가서 말하고 안드레와 **빌립이 예수께 가서 여**짜온대

22 Philip went to tell Andrew; Andrew and Philip in turn **told Jesus.**

23 예수께서 대답하여 가라사대 **인자의 영광을 얻을 때가 왔도다.**

23 Jesus replied, "The hour has come for the **Son of Man to be glorified.**

24 내가 진실로 진실로 너희에게 이르노니 한 알의 밀이 땅에 떨어져 죽지 아니하면 한 알 그대로 있고 죽으면 많은 열매를 맺느니라.

24 **Very truly I tell you, unless a kernel of wheat falls to the ground and dies, it remains only a single seed. But if it dies, it produces many seeds.**

25 자기 생명을 사랑하는 자는 잃어버릴 것이요 이 세상에서 자기
생명을 미워하는 자는 영생하도록 보존하리라.

25 Anyone who loves their life will lose it, while anyone who
hates their life in this world will keep it for eternal life.

26 사람이 나를 섬기려면 나를 따르라 나 있는 곳에 나를 섬기는 자
도 거기 있으리니 사람이 **나를 섬기면 내 아버지께서 저를 귀히 여기
시리라.**

26 Whoever serves me must follow me; and where I am, my
servant also will be. **My Father will honor the one who serves
me.**

27 지금 내 마음이 민망하니 무슨 말을 하리요 아버지여 나를 구원
하여 **이때를 면하게 하여 주옵소서** 그러나 내가 이를 위하여 이때에
왔나이다.

27 "Now my soul is troubled, and what shall I say?
'Father, save me from this hour' ? No, it was for this very
reason I came to this hour.

28 아버지여 아버지의 이름을 영광스럽게 하옵소서 하시니 이에 하
늘에서 소리가 나서 가로되 **내가 이미 영광스럽게 하였고 또 다시 영
광스럽게 하리라** 하신대

28 Father, glorify your name!" Then a voice came from
heaven, **"I have glorified it, and will glorify it again."**]

29 The crowd that was there and heard it said **it had
thundered;** others said an angel had spoken to him.

29 곁에 서서들은 무리는 **우뢰가 울었다고도** 하며 또 어떤 이들은
천사가 저에게 말하였다고도 하니

☀엡 2:18-20

18 이는 저로 말미암아 우리 둘이 한 성령 안에서 아버지께 나아감을 얻게 하려 하심이라.

18 For through him we both have access to the Father by one Spirit.

19 그러므로 이제부터 너희가 외인도 아니요 손도 아니요 오직 성도들과 동일한 시민이요 하나님의 권속이라.

19 Consequently, you are no longer foreigners and strangers, but fellow citizens with God' s people and also members of his household,

20 너희는 사도들과 선지자들의 터 위에 세우심을 입은 자라 그리스도 예수께서 친히 모퉁이 돌이 되셨느니라.

20 built on the foundation of the apostles and prophets, with Christ Jesus himself as the chief cornerstone

☀롬 8:17-18

17자녀이면 또한 후사 곧 하나님의 후사요 그리스도와 함께 한 후사니 우리가 그와 함께 영광을 받기 위하여 고난도 함께 받아야 될 것이니라.

17 Now if we are children, then we are heirs—heirs of God and co-heirs with Christ, if indeed we share in his sufferings in order that we may also share in his glory.

18 생각건대 현재의 고난은 장차 우리에게 나타날 영광과 족히 비교할 수 없도다.

18 I consider that our present sufferings are not worth comparing with the glory that will be revealed in us.

☛ 십자가로 한 몸을 이루는 역사 즉 하나님의 섭리(뜻, 계획 그리고 목적)를 God's providence : God's will, God's plan God's purpose 27절부터 33절까지 낭송하여 확인 할 것이로다.

30 예수께서 대답하여 가라사대 이 소리가 난 것은 나를 위한 것이
아니요 **너희를 위한 것이니라.**

30 Jesus said, "This voice was for your benefit, not mine.

31 이제 이 세상의 심판이 이르렀으니 이 **세상 임금이 쫓겨나리라.**

31 Now is the time for judgment on this world; now the
prince of **this world will be driven out.**

32 내가 땅에서 들리면 모든 사람을 내게로 **이끌겠노라 하시니**

32 And I, when I am lifted up[**The Greek for lifted up also
means exalted.**] from the earth, will draw all people to
myself." The Greek for lifted up also means exalted.

33 이렇게 말씀하심은 자기가 어떠한 죽음으로 죽을 것을 **보이심이
러라.**

33 He said this to show the kind of death he was going to
die.

----

1) 34절에서 율법에서 그리스도가 영원히 계시니이다.

* 35-36절에서 빛이라는 Light가 5번 나오는데 정관사 THE를 붙힌 것이 4번, 없는 것이 1번 표시되어 있다.

2) 38절은 이사야 53:1의 말씀을 이루려 함이오. 40절은 이사야 6:10의 말씀 주의 영광을 보이려 함이로다.

* 53:1 주여 우리에게 들은 바를 누가 믿었으며 주의 팔이 뉘게 나타났나이까 하였더라. Who has believed our message and to whom has the arm of the Lord been revealed

* 6:10 이 백성의 마음으로 둔하게 하며 그 귀가 막히고 눈이 감기게 하라.

염려컨대 그들이 눈으로 보고 귀로 듣고 마음으로 깨닫고 다시 돌아와서 고침을 받을까 하노라.

☞ 다니엘 7:13-14에 나오는 인자라는 말

13 내가 또 밤 이상 중에 보았는데 인자 같은 이가 하늘 구름을 타고 와서 옛적부터 항상 계신 자에게 나아와 그 앞에 인도되매

13 "In my vision at night I looked, and there before me was one like a son of man,[a] coming with the clouds of heaven. He approached the Ancient of Days and was led into his presence.

14 그에게 권세와 영광과 나라를 주고 모든 백성과 나라들과 각 방언하는 자로 그를 섬기게 하였으니

14 He was given authority, glory and sovereign power; all nations and peoples of every language worshiped him.

그 권세는 영원한 권세라 옮기지 아니할 것이요. 그 나라는 폐하지 아니할 것이니라. His dominion is an everlasting dominion that will not pass away, and his kingdom is one that will never be destroyed.

34 이에 무리가 대답하되 우리는 율법에서 **그리스도가 영원히 계신다** 함을 들었거늘 너는 어찌하여 인자가 들려야 하리라 하느냐? 이 인자는 누구냐?

34 The crowd spoke up, "We have heard from the Law that the **Messiah will remain forever**, so how can you say, 'The Son of Man must be lifted up'? Who is this 'Son of Man'?"

35 예수께서 가라사대 아직 **잠시 동안 빛이 너희 중에 있으니** 빛이 있을 동안에 다녀 어두움에 붙잡히지 않게 하라 어두움에 다니는 자는 그 가는 바를 알지 못하느니라.

35 Then Jesus told them, "You are going to have **the light just a little while longer**. Walk while you have **the light**, before darkness overtakes you. Whoever walks in the dark does not know where they are going.

36 너희에게 아직 빛이 있을 동안에 빛을 믿으라. 그리하면 **빛의 아들이 되리라** 예수께서 이 말씀을 하시고 저희를 떠나가서 숨으시니라.

36 Believe in **the light** while you have **the light**, so that you may become **children of light**." When he had finished speaking, Jesus left and hid himself from them.

37 이렇게 많은 표적을 저희 앞에서 행하셨으나 저를 믿지 아니하니

Belief and Unbelief Among the Jews

37 Even after Jesus had performed so many signs in their presence, they still would not believe in him.

38 이는 선지자 **이사야의 말씀을 이루려 하심이라** 가로되 주여 우리에게 들은 바를 누가 믿었으며 주의 팔이 뉘게 나타났나이까 하였더라.

38 This was to fulfill **the word of Isaiah the prophet:** "Lord, who has believed our message and to whom has the arm of the Lord been revealed?" [h Isaiah 53:1]

39 저희가 능히 믿지 못한 것은 이 까닭이니 **곧 이사야가 다시 일렀**
으되

39 For this reason they could not believe, because, as Isaiah
says elsewhere:

40 저희 눈을 멀게 하시고 저희 마음을 완고하게 하셨으니 이는 저
희로 하여금 **눈으로 보고 마음으로 깨닫고** 돌이켜 내게 고침을 받지
못하게 하려 함이니라 하였음이더라.

40 "He has blinded their eyes and hardened their hearts, so
they can neither see with their eyes, nor understand with their
hearts, nor turn—and I would heal them." [iIsaiah 6:10]

41 Isaiah said this because **he saw Jesus' glory** and spoke
about him

41 이사야가 이렇게 말한 것은 **주의 영광을 보고** 주를 가리켜 말한
것이라.

42 그러나 관원 중에도 저를 믿는 자가 많되 바리새인들을 인하여
드러나게 말하지 못하니 이는 출회를 당할까 두려워함이라.

42 Yet at the same time many even among the leaders
believed in him. But because of the Pharisees they would not
openly acknowledge their faith for fear they would be put out
of the synagogue;

43 저희는 사람의 영광을 하나님의 영광보다 더 사랑하였더라.

43 for they loved human praise more than praise from God.

44 예수께서 외쳐 가라사대 나를 믿는 자는 나를 믿는 것이 아니요 나를 보내신 이를 믿는 것이며

44 Then Jesus cried out, "Whoever believes in me does not believe in me only, but in the one who sent me.

45 나를 보는 자는 나를 보내신 이를 보는 것이니라.

45 The one who looks at me is seeing the one who sent me.

46 나는 빛으로 세상에 왔나니 무릇 나를 믿는 자로 어두움에 거하지 않게 하려 함이로라.

46 I have come into the world as a light, so that no one who believes in me should stay in darkness.

47 사람이 내 말을 듣고 지키지 아니할지라도 **내가 저를 심판하지** 아니 하노라 내가 온 것은 세상을 심판하려 함이 아니요 세상을 구원 하려 함이로라.

47 "If anyone hears my words but does not keep them, **I do not judge that person.** For I did not come to judge the world, but to save the world.

48 나를 저버리고 내 말을 받지 아니하는 자를 **심판할 이가 있으니 곧 나의 한 그 말이** 마지막 날에 저를 심판하리라.

48 There is a judge for the one who rejects me and does not accept my words; **the very words I have spoken** will condemn them at the last day.

49 **내가 내 자의로 말한 것이 아니요** 나를 보내신 아버지께서 나의 말할 것과 이를 것을 친히 명령하여 주셨으니

49 **For I did not speak on my own**, but the Father who sent me commanded me to say all that I have spoken.

50 **나는 그의 명령이 영생인 줄 아노라** 그러므로 나의 이르는 것은 내 아버지께서 내게 말씀하신 그대로 이르노라 하시니라.

50 I know that his command leads to eternal life. So whatever I say is **just what the Father has told me to say.**"

 요한복음에 나타난 예수님의 **일곱 가지 정체성**

Chapter 13. Gospel of John
요한복음 13장 세족식으로 섬김의 본

☛ I. 끝까지 사랑 하신다 (1-11)

예수님은 마귀가 벌써 가룟 유다의 마음속에 들어가서 그가 배신할 줄을 아시면서도 세족식을 하면서 사랑의 본을 보이십니다.

12장까지는 일반 대중에 대한 사랑이지만 13장부터 16장까지는 소수 정예의 제자들에게 사랑을 표시하는 대답입니다

*사랑의 종류
1. 에로스(Eros): 남녀 간의 육체적 사랑
2. 루두스(Ludus): 유희적 사랑
3. 스토르게(Storge) Storge (Familial love): 가족 간의 사랑
4. 마니아(Mania): 보통이 아닌 흥분상태를 가리키는 사랑
5. 프라그마 사랑(Pragma): Platonic love/erotic love
6. 예수님 아가페(Agape) 하나님의 인류에 대한 무조건 사랑:
☛ II. 제자들의 발을 씻어 준다 (12-17)
☛ III. 배신자의 두 모습 (18-30)
☛ IV. 새 계명을 주노라 (31-38)

I. 끝까지 사랑 하신다 (1-11)
He Loved them to the end

1 유월절 전에 예수께서 자기가 세상을 떠나 아버지께로 돌아가실 때가 이른 줄 아시고 세상에 있는 **자기 사람들을 사랑하시되 끝까지** 사랑하시니라.

1. It was just before the Passover Festival. Jesus knew that the hour had come **for him to leave this world and go to the Father.** Having loved his own who were in the world, **he loved them to the end.**

2 **마귀가 벌써 시몬의 아들 가룟 유다의 마음에** 예수를 팔려는 생각을 넣었더니

2 The evening meal was in progress, and **the devil had already prompted Judas,** the son of Simon Iscariot, to betray Jesus.

☞ 자신의 죽음을 알면서도 제자들의 발을 씻어주는 사랑 섬기는 본을 보이시고 우리에게 **우리는 하나님께로 와서 하나님을 위해서 살다가 하나님에게로 간다는 사실을 알게** 하셨습니다.

3 저녁 먹는 중 예수는 아버지께서 모든 것을 자기 손에 맡기신 것과 또 자기가 **하나님께로부터 오셨다가 하나님께로 돌아가실 것을** 아시고

3 Jesus knew that the Father had put all things under his power, and **that he had come from God and was returning to God;**

4 저녁 잡수시던 자리에서 일어나 **겉옷을 벗고** 수건을 가져다가 허리에 두르시고 (세족행사를 하시려고 준비 중)

4 so he got up from the meal, **took off his outer clothing,** and wrapped a towel around his waist.

5 이에 대야에 물을 담아 **제자들의 발을 씻기시고** 그 두르신 수건으로 씻기기를 시작하여 **(하인들이나 하는 행동인데도)**

5 After that, he poured water into a basin and began to wash his disciples' feet, drying them with the towel that was wrapped around him.

6 시몬 베드로에게 이르시니 가로되 주여 주께서 **내 발을 씻기시나이까?**

6 He came to Simon Peter, who said to him, **"Lord, are you going to wash my feet?"**

7 예수께서 대답하여 가라사대 나의 하는 것을 네가 이제는 알지 못하나 이후에는 알리라.

7 Jesus replied, **"You do not realize now what I am doing,** but later you will understand."

8 베드로가 가로되 내 발을 절대로 씻기지 못하시리이다. 예수께서 대답하시되 **내가 너를 씻기지 아니하면 네가 나와 상관이 없느니라.**

8 "No," said Peter, "you shall never wash my feet." Jesus answered, **"Unless I wash you, you have no part with me."**

9 시몬 베드로가 가로되 주여 내 발뿐 아니라 **손과 머리도 씻겨 주옵소서.**

9 "Then, Lord," Simon Peter replied, "not just my feet but my hands **and my head as well!"**

엡 5:25-27 사랑의 표현

25 남편들아 아내 사랑하기를 그리스도께서 교회를 사랑하시고 위하여 자신을 주심같이 하라.

25 Husbands, love your wives, just as Christ loved the church and gave himself up for her

26 이는 곧 물로 씻어 말씀으로 깨끗하게 하사 거룩하게 하시고

26 to make her holy, cleansing[b] her by the washing with water through the word,

27 자기 앞에 영광스러운 교회로 세우사 티나 주름잡힌 것이나 이런 것들이 없이 거룩하고 흠이 없게 하려 하심이니라.

27 and to present her to himself as a radiant church, without stain or wrinkle or any other blemish, but holy and blameless

☛ 예수님은 자신이 죽을 줄을 알고 세족식을 하여 끝까지 자기가 택한 자들을 사랑하심을 보이시고 자신을 모르는 자는 미련한자임을 예시하신 것입니다. 우리는 하나님에게서 와서 하나님을 위해 살다가 하나님에게로 가야 합니다.

☛ 시 119:9 몸의 더러운 것을 씻는 것이 아니라

8 내가 주의 율례를 지키오리니 나를 아주 버리지 마옵소서. 9 청년이 무엇으로 그 행실을 깨끗케 하리이까 주의 말씀을 따라 삼갈 것이니이다. 10 내가 전심으로 주를 찾았사오니 주의 계명에서 떠나지 말게 하소서

☛ 마 26:26-28

26 저희가 먹을 때에 예수께서 떡을 가지사 축복하시고 떼어 제자들을 주시며 가라사대 받아 먹으라 이것이 내 몸이니라 하시고

27 또 잔을 가지사 사례하시고 저희에게 주시며 가라사대 너희가 다 이것을 마시라.

28 이것은 죄 사함을 얻게 하려고 많은 사람을 위하여 흘리는 바 나의 피 곧 언약의 피니라.

10 예수께서 가라사대 **이미 목욕한 자는 발밖에 씻을 필요가 없느니
라.** 온 몸이 깨끗하니라. 너희가 깨끗하나 다는 아니니라 하시니

10 Jesus answered, "Those who have had a bath need only
to wash their feet; **their whole body is clean.** And you are
clean, though not every one of you."

11 이는 자기를 **팔 자가 누구인지 아심이라.** 그러므로 다는 깨끗지 아
니하다 하시니라.

11 **For he knew who was going to betray him,** and that was
why he said not every one was clean.

II. 제자들의 발을 씻어 준다 (12-17)
He washed His disciples teat

12 저희 발을 씻기신 후에 **옷을 입으시고** 다시 앉아 저희에게 이르
시되 내가 너희에게 행한 것을 너희가 아느냐?

12 When he had finished washing their feet, **he put on his
clothes** and returned to his place. "Do you understand what I
have done for you?" he asked them.

13 **너희가 나를 선생이라 또는 주라 하니** 너희 말이 옳도다 내가 그
러하다.

13 "You call me 'Teacher' and 'Lord,' and rightly so,
for that is what I am.

14 내가 주와 또는 선생이 되어 너희 발을 씻겼으니 **너희도 서로 발
을 씻기는 것이 옳으니라.**

14 Now that I, your Lord and Teacher, have washed your
feet, you **also should wash one another's feet.**

15 내가 너희에게 행한 것같이 **너희도 행하게 하려 하여 본을 보였노라.**

15 I have set you an example that you should do as I have done for you.

16 내가 진실로 진실로 너희에게 이르노니 **종이 상전보다 크지 못하고** 보냄을 받은 자가 보낸 자보다 크지 못하니

16 Very truly I tell you, **no servant is greater than his master,** nor is a messenger greater than the one who sent him.

17 **너희가 이것을 알고 행하면 복이 있으리라.**

17 Now that you know these things, you will be blessed if you do them.

II. 제자들 발을 씻어준다. (12-17)

11절에서 누가 배신할지 아시면서도

☞ 빌 2:6-8

6 그는 근본 하나님의 본체시나 하나님과 동등됨을 취할 것으로 여기지 아니하시고

7 오히려 자기를 비어 종의 형체를 가져 사람들과 같이 되었고

8 사람의 모양으로 나타나셨으매 자기를 낮추시고 죽기까지 복종하셨으니 곧 십자가에 죽으심이라.

☞ 그 후 최후 만찬 - 겟세마네 동산에 가서 기도할 때

눅 22:44 예수께서 힘쓰고 애써 더욱 간절히 기도하시니 땀이 땅에 떨어지는 핏방울같이 되더라고 기록되어 있고 **그 후 밤에 붙들려 가시고 불법 재판을 받은 후에 십자가 못 밝혀 죽으십니다.**

☞ 13절에 나를 주라 하나 마 7:21 나더러 주여 주여 하는 자마다 천국에 다 들어갈 것이 아니요 다만 하늘에 계신 내 아버지의 뜻대로 행하는 자라야 들어가리라.

☞ 내가 너희 발을 씻어주는 것은 본을 보이려 함이니 1) 높은 자가 낮은 자를 씻어주라. 2) 자기 발이 아닌 남의 발을 씻어라. 3) 미리 말을 해주시다.

Ⅲ 배신자의 두 모습 (18-30)
Two faces of Betrayer

18 내가 너희를 다 가리켜 말하는 것이 아니라 내가 나의 택한 자들이 누구인지 앎이라 그러나 내 떡을 먹는 자가 내게 발꿈치를 들었다 한 성경을 응하게 하려는 것이니라.

18 "I am not referring to all of you; I **know those I have chosen.** But this is to fulfill this passage of Scripture: **'He who shared my bread has turned**[Greek has lifted up his heel] **against me.'** [Psalm 41:9]

19 지금부터 일이 이루기 전에 미리 너희에게 이름은 일이 이룰 때에 내가 **그인 줄 너희로 믿게 하려 함이로라.**

19 "I am telling you now before it happens, **so that when it does happen you will believe that I am who I am.**

20 내가 진실로 진실로 너희에게 이르노니 나의 보낸 자를 영접하는 자는 **나를 영접하는 것이요 나를 영접하는 자는** 나를 보내신 이를 영접하는 것이니라.

20 Very truly I tell you, whoever accepts anyone I send accepts me; and whoever accepts me accepts the one who sent me."

21 예수께서 이 말씀을 하시고 심령에 민망하여 증거하여 가라사대 내가 진실로 진실로 너희에게 이르노니 **너희 중 하나가 나를 팔리라** 하시니

21 After he had said this, **Jesus was troubled in spirit** and testified, "Very truly I tell you, **one of you is going to betray me.**"

22 **제자들이 서로 보며 뉘게 대하여 말씀하시는지 의심하더라.**

22 His disciples **stared at one another**, at a loss to know which of them he meant.

☛ **다윗과 아들 압살롬 그리고 아히도벨 (배신자의 모습)**

시 41:9 나의 신뢰 하는 바 내 떡을 먹던 나의 가까운 친구도 나를 대적하여 그 발꿈치를 들었나이다.

9 Even my close friend, someone I trusted, one who shared my bread, has turned against me.

삼하 17:23 아히도벨이 자기 모략이 시행되지 못함을 보고 나귀에 안장을 지우고 떠나 고향으로 돌아가서 자기 집에 이르러 집을 정리하고 스스로 목매어 죽으매 그 아비 묘에 장사 되니라.

23 When Ahithophel saw that his advice had not been followed, he saddled his donkey and set out for his house in his hometown. He put his house in order and then hanged himself. So he died and was buried in his father's tomb.

23 예수의 제자 중 하나 곧 그의 사랑하시는 자가 **예수의 품에 의지하여 누웠는지라.**

23 One of them, the disciple whom Jesus loved, **was reclining next to him.**

24 시몬 베드로가 **머릿짓을 하여 말하되** 말씀하신 자가 누구인지 말하라 한대

24 Simon Peter motioned to this disciple and said, **"Ask him which one he means"**

25 그가 예수의 가슴에 그대로 의지하여 말하되 주여 누구오니이까?
25 Leaning back against Jesus, he asked him, **"Lord, who is it?"**

26 예수께서 대답하시되 내가 한 조각을 찍어다가 주는 자가 그니라 하시고 곧 한 조각을 찍으셔서 가룻 시몬의 아들 유다를 주시니
26 Jesus answered, "It is the one to whom I will give this piece of **bread when I have dipped it in the dish."** Then, dipping the piece of bread, he gave it to Judas, the son of Simon Iscariot.

27 조각을 받은 후 곧 **사단이 그 속에 들어간지라.** 이에 예수께서 유다에게 이르시되 네 하는 일을 속히 하라 하시니
27 As soon as Judas took the bread, Satan entered into him. So Jesus told him, **"What you are about to do, do quickly."**

28 이 말씀을 무슨 뜻으로 하셨는지 **그 앉은 자 중에 아는 이가 없고**
28 But no one at the meal understood why Jesus said this to him.

29 어떤 이들은 유다가 **돈 궤를 맡았으므로** 명절에 우리의 쓸 물건을 사라 하시는지 혹 가난한 자들에게 무엇을 주라 하시는 줄로 생각하더라.
29 Since Judas had charge of the money, some thought Jesus was telling him to buy what was needed for the festival, or to give something to the poor.

30 유다가 그 조각을 받고 곧 나가니 밤이러라.(어둠이 찾아왔다)
30 As soon as Judas had taken the bread, he went out. And it was night.

☛ 못되게 살던 자가 착하게 살려고 회개하고 성경책을 여는 데 하나님의 뜻은?

① 마 27:5 유다가 은을 성소에 던져 넣고 물러가서 스스로 목매어 죽은지라.

So Judas threw the money into the temple and left. Then he went away and hanged himself.

② 눅 10:37 가로되 자비를 베푼 자니이다 예수께서 이르시되 가서 너도 이와 같이 하라 하시니라.

The expert in the law replied, "The one who had mercy on him." Jesus told him, "Go and do likewise."

③ 요 13:27 유다에게 이르시되 네 하는 일을 속히 하라 하시니

27 As soon as Judas took the bread, Satan entered into him. So Jesus told him, "What you are about to do, do quickly."

☛ 롬 13:12-14 유다가 그 조각을 받고 곧 나가니 밤이더라.

12 밤이 깊고 낮이 가까왔으니 그러므로 우리가 어두움의 일을 벗고 빛의 갑옷을 입자.

12 The night is nearly over; the day is almost here. So let us put aside the deeds of darkness and put on the armor of light.

13 낮에와 같이 단정히 행하고 방탕과 술 취하지 말며 음란과 호색하지 말며 쟁투와 시기하지 말고

13 Let us behave decently, as in the daytime, not in carousing and drunkenness, not in sexual immorality and debauchery, not in dissension and jealousy.

14 오직 주 예수 그리스도로 옷 입고 정욕을 위하여 육신의 일을 도모하지 말라.

14 Rather, clothe yourselves with the Lord Jesus Christ, and do not think about how to gratify the desires of the flesh.[c]

IV 새 계명을 주노라 31-38

A new command I give you

31 저가 나간 후에 예수께서 가라사대 지금 인자가 **영광을 얻었고 하나님**도 인자를 인하여 영광을 얻으셨도다.

31 When he was gone, Jesus said, **"Now the Son of Man is glorified and God is glorified in him.**

32 만일 하나님이 저로 인하여 영광을 얻으셨으면 하나님도 자기로 인하여 저에게 영광을 주시리니 곧 주시리라

32 **If God is glorified in him,**[c Many early manuscripts do not have If God is glorified in him.] God will glorify the Son in himself, and will glorify him at once.

33 소자들아 내가 **아직 잠시 너희와 함께 있겠노라.** 너희가 나를 찾을 터이나 그러나 일찍 내가 유대인들에게 너희는 나의 가는 곳에 올 수 없다고 말한 것과 같이 지금 너희에게도 이르노라.

33 "My children, **I will be with you only a little longer.** You will look for me, and just as I told the Jews, so I tell you now: **Where I am going,** you cannot come.

34 **새 계명을 너희에게 주노니 서로 사랑하라** 내가 너희를 사랑한 것같이 너희도 서로 사랑하라.

34 **"A new command I give you: Love one another.** As I have **loved** you, so you must love one another.

☛ 마 22:34-40

36 선생님 율법 중에서 어느 계명이 크나이까?

36 "Teacher, which is the greatest commandment in the Law?"

37 예수께서 가라사대 (신 6:5)

37 Jesus replied: " 'Love the Lord your God with all your heart and with all your soul and with all your mind.' [신 6:5)] 신 6:5 너는 마음을 다하고 성품을 다하고 힘을 다하여 네 하나님 여호와를 사랑하라.

38 This is the first and greatest commandment.

38 이것이 크고 첫째 되는 계명이요

39 And the second is like it: 'Love your neighbor as yourself.' [레 19:18]

39 둘째는 그와 같으니 네 이웃을 네 몸과 같이 사랑하라 하셨으니

40 All the Law and the Prophets hang on these two commandments."

☛ 레 19:18 원수를 갚지 말며 동포를 원망하지 말며 이웃 사랑하기를 네 몸과 같이 하라 나는 여호와니라

☛ 요일 4:7-8 사랑하는 자들아 우리가 서로 사랑하자 사랑은 하나님께 속한 것이니 사랑하는 자마다 하나님께로 나서 하나님을 알고

Dear friends, let us love one another, for love comes from God. veryone who loves has been born of God and knows God.

8 사랑하지 아니하는 자는 하나님을 알지 못하나니 이는 하나님은 사랑이심이라

8 Whoever does not love does not know God, because God is love.

35 너희가 서로 사랑하면 이로써 모든 사람이 **너희가 내 제자인 줄** **알리라.**

35 By this everyone will know that you are my disciples, **if** **you love one another."**

36 시몬 베드로가 가로되 **주여 어디로 가시나이까(퀴바디스 도미** **노?)** 예수께서 대답하시되 나의 가는 곳에 네가 지금은 따라올 수 없으나 후에는 따라오리라.

36 Simon Peter asked him, **"Lord, where are you going?"** Jesus replied, "Where I am going, you cannot follow now, but you will follow later."

37 베드로가 가로되 주여 내가 지금은 어찌하여 따를 수 없나이까? 주를 위하여 **내 목숨을 버리겠나이다.**

37 Peter asked, "Lord, why can' t I follow you now? **I will** **lay down my life for you."**

38 예수께서 대답하시되 네가 나를 위하여 네 목숨을 버리겠느냐 내가 진실로 진실로 네게 이르노니 **닭 울기 전에 네가 세 번 나를 부인** **하리라.**

38 Then Jesus answered, "Will you really lay down your life for me? Very truly I tell you, **before the rooster crows, you** **will disown me three times!**

===

3) 롬 5:5-8

3 다만 이뿐 아니라 우리가 환난 중에도 즐거워하나니 이는 환난은 인내를

4 인내는 연단을 연단은 소망을 이루는 줄 앎이로다.

5 소망이 부끄럽게 아니함은 우리에게 주신 성령으로 말미암아 하나

님의 사랑이 우리 마음에 부은바 됨이니

6 우리가 아직 연약할 때에 기약대로 그리스도께서 경건치 않은 자를 위하여 죽으셨도다.

7 의인을 위하여 죽는 자가 쉽지 않고 선인을 위하여 용감히 죽는 자가 혹 있거니와

8 우리가 아직 죄인 되었을 때에 그리스도께서 우리를 위하여 죽으심으로 하나님께서 우리에게 대한 자기의 사랑을 확증하셨느니라.

==

> **제자의 길 The way of Discipleship**

1) 마 16:24-25

24 이에 예수께서 제자들에게 이르시되 아무든지 나를 따라오려거든 자기를 부인하고 자기 십자가를 지고 나를 좇을 것이니라.

24 Then Jesus said to his disciples, "Whoever wants to be my disciple must deny themselves and take up their cross and follow me.

25 누구든지 제 목숨을 구원코자 하면 잃을 것이요 누구든지 나를 위하여 제 목숨을 잃으면 찾으리라.

25 For whoever wants to save their life[a] will lose it, but whoever loses their life for me will find it.

2) 눅 14:26

26 무릇 내게 오는 자가 자기 부모와 처자와 형제와 자매와 및 자기 목숨까지 미워하지 아니하면 능히 나의 제자가 되지 못하고

26 "If anyone comes to me and does not hate father and mother, wife and children, brothers and sisters—yes, even their own life—such a person cannot be my disciple.

Chapter 14. Gospel of John
요한복음 14장 길, 진리, 생명

마태복음 5.6.7.장 산상수훈(sermon on the mount)은 믿음을 주제로 한 다수를 위한 예수님의 설교인데 반하여 본 요한복음 14.15.16장은 예수님의 떠나가심과 성령 보내심, 네 안에 거하고 라는 제목과 중보기도를 주제로 하는 소수 정예를 위한 다락방 설교 또는 고별 설교라고 합니다.

1 너희는 마음에 근심하지 말라 하나님을 믿으니 또 나를 믿으라,

1 "Do not let your hearts be troubled. You believe in God[Or Believe in God]; believe also in me.

☞ 마 6:27

Can any one of you by worrying add a single hour to your life [single cubit to your height?]

너희 중에 누가 염려 한다고 네 생명에 한 시간을 연장할 수가 있느냐? (그 키를 하자나 키울 수가 있느냐?)

2 내 아버지 집에 거할 곳이 많도다. 그렇지 않으면 너희에게 일렀
으리라 내가 너희를 위하여 **처소를 예비하러** 가노니

2 My Father' s house has many rooms; if that were not so,
would I have told you that I am going there **to prepare a place
for you?**

==

☛ 시 14:1 어리석은 자는 그 마음에 이르기를 하나님이 없다 하도
다. 저희는 부패하고 소행이 가증하여 선을 행하는 자가 없도다.

The fool says in his heart, "There is no God." They are
corrupt, their deeds are vile; there is no one who does good.

☛ 마 8:20 예수께서 이르시되 여우도 굴이 있고 공중의 새도 거처
가 있으되 오직 인자는 머리 둘 곳이 없다 하시더라.

20 Jesus replied, "Foxes have dens and birds have nests, but
the Son of Man has no place to lay his head."

==

3 가서 너희를 위하여 처소를 예비하면 내가 다시 와서 너희를 내게
로 **영접하여 나 있는 곳에** 너희도 있게 하리라.

3 And if I go and prepare a place for you, I will come back
and take you to be with me that you also may be where I am.

4 내가 가는 곳에 그 길을 너희가 알리라.

4 You know the way to the place where I am going."

5 도마가 가로되 **주여 어디로 가시는지** 우리가 알지 못하거늘 그 길
을 어찌 알겠삽나이까?

5 Thomas said to him, **"Lord, we don' t know where you are
going,** so how can we know the way?"

 요한복음에 나타난 예수님의 **일곱 가지 정체성**

6 예수께서 가라사대 **내가 곧 길이요 진리요 생명이니** 나로 말미암지 않고는 아버지께로 올 자가 없느니라.

6 Jesus answered, **"I am the way and the truth and the life.** No one comes to the Father except through me.

7 너희가 나를 알았더면 내 아버지도 알았으리로다. 이제부터는 너희가 **그를 알았고 또 보았느니라.**

7 If you really know me, you will know[**Some manuscripts** If you really knew me, you would know] my Father as well. **From now on, you do know him and have seen him."**

Psalm 118:22

Jesus is " 'the stone your builders rejected, which has become the cornerstone.'

건축자의 버린 돌이 진 모퉁이의 머릿돌이 되었나니

8 빌립이 가로되 **주여 아버지를 우리에게 보여 주옵소서** 그리하면 족하겠나이다.

8 Philip said, **"Lord, show us the Father** and that will be enough for us."

☞ 예수는 유일한 길 유일한 진리 유일한 생명 그런데 진리도 잘못 들으면 생각이 바뀐다.

사람은 하나님이 될 수가 없다. 그러나 하나님은 사람이 될 수가 있다.(행 4:11-12)

이 예수는 너희 건축자들의 버린 돌로서 집 모퉁이의 머릿돌이 되었느니라.(시 118:22)

11 Jesus is " 'the stone you builders rejected, which has become the cornerstone.' [Psalm 118:22]

12 다른 이로서는 구원을 얻을 수 없나니 천하 인간에 구원을 얻을 만한 다른 이름을 우리에게 주신 일이 없음이니라 하였더라.

12 Salvation is found in no one else, for there is no other name under heaven given to mankind by which we must be saved."

9 예수께서 가라사대 빌립아 내가 이렇게 오래 너희와 함께 있으되 네가 **나를 알지 못하느냐 나를 본 자는 아버지를 보았거늘** 어찌하여 아버지를 보이라 하느냐?

9 Jesus answered: "Don't you know me, Philip, even after I have **been among you such a long time?** Anyone who has seen me has seen the Father. How can you say, 'Show us the Father'?

10 **나는 아버지 안에 있고 아버지는 내 안에 계신 것을** 네가 믿지 아니 하느냐 내가 너희에게 이르는 말이 스스로 하는 것이 아니라 아버지께서 내 안에 계셔 그의 일을 하시는 것이라.

10 **Don't you believe that I am in the Father, and that the Father is in me?** The words I say to you I do not speak on my own authority. Rather, it is the Father, living in me, who is doing his work.

11 내가 아버지 안에 있고 아버지께서 내 안에 계심을 믿으라. 그렇지 못하겠거든 행하는 **그 일을 인하여 나를 믿으라.**

11 Believe me when I say that I am in the Father and the Father is in me; or at least believe on the evidence of the works themselves.

> ☞ 염려(Anxiety), 근심(Worry), 걱정(trembling), 불안(upset trouble), 초조(Disturbance) 같은 영적 고통(Spiritual suffering)은 암보다 무섭다.
>
> 하나님과의 관계가 끊어지면 God is alive; Devil is dead
>
> 1) 하나님이 안 보인다.
>
> 2) 미래에 대한 눈을 닫는다.
>
> 3) 최악의 경우를 생각하게 된다.
>
> 4) 마귀가 들어온다.

12 내가 진실로 진실로 너희에게 이르노니 나를 믿는 자는 나의 하는 일을 저도 할 것이요 또한 **이보다 큰 것도 하리니** 이는 내가 아버지께로 감이니라.

12 Very truly I tell you, whoever believes in me will do the works I have been doing, **and they will do even greater things than these,** because I am going to the Father.

13 **너희가 내 이름으로 무엇을 구하든지** 내가 시행하리니 이는 아버지로 하여금 아들을 인하여 영광을 얻으시게 하려 함이라.

13 And I will do whatever **you ask in my name, so that** the Father may be glorified in the Son.

14 **내 이름으로 무엇이든지 내게 구하면 내가 시행하리라.**

14 You may ask me for anything in my name, and I will do it.

15 너희가 나를 사랑하면 나의 계명을 지키리라.

15 "If you love me, keep my commands

===

☛ 막 11:24 Therefore I tell you, whatever you ask for in prayer, believe that you have received it, and it will be yours.

그러므로 내가 너희에게 말하노니 무엇이든지 기도하고 구하는 것은 받은 줄로 믿으라. 그리하면 너희에게 그대로 되리라.

===

16 내가 아버지께 구하겠으니 그가 또 다른 보혜사를 너희에게 주사 영원토록 너희와 함께 있게 하시리니

16 And I will ask the Father, and he will give you another advocate to help you and be with you forever

☛ 예수님이 염려 근심 걱정 말라는 이유

1) 천국이 있으니까 (히 9:27)

27 한 번 죽는 것은 사람에게 정하신 것이요 그 후에는 심판이 있으리니

27 **Just as people are destined to die once,** and after that to face judgment,

28 이와 같이 그리스도도 많은 사람의 죄를 담당하시려고 단번에 드리신 바 되셨고 구원에 이르게 하기 위하여 죄와 상관없이 자기를 바라는 자들에게 두 번째 나타나시리라.

28 so Christ was sacrificed once to take away the sins of many; **and he will appear a second time,** not to bear sin, but to bring salvation to those who are waiting for him.

2) 처소를 준비해 주신다(14:2)

요 11:25 예수께서 가라사대 나는 부활이요 생명이니 나를 믿는 자는 죽어도 살겠고

25 Jesus said to her, "I am the resurrection and the life. The one who believes in me will live, even though they die;

26 무릇 살아서 나를 믿는 자는 영원히 죽지 아니하리니 이것을 네가 믿느냐?

26 and whoever lives by believing in me will never die. Do you believe this?"

==

☛ 제자들의 질문

　　1) Peter는 어디로 가시나이까?

　　2) 도마는 의심

　　3) 빌립은 하나님을 보여 달라

　　4) 22절에서 가롯 아닌 유다는 ………

☛ 육과 영의 차이

출 33:20

19 여호와께서 가라사대 내가 나의 모든 선한 형상을 네 앞으로 지나게 하고 여호와의 이름을 네 앞에 반포하리라 나는 은혜 줄 자에게 은혜를 주고 긍휼히 여길 자에게 긍휼을 베푸느니라.

19 And the Lord said, "I will cause all my goodness to pass in front of you, and I will proclaim my name, the Lord, in your presence. **I will have mercy on whom I will have mercy, and I will have compassion on whom I will have compassion.**

20 또 가라사대 네가 내 얼굴을 보지 못하리니 나를 보고 살 자가 없음이니라.

20 But," he said, "you cannot see my face, for no one may see me and live."

To know 안다, To see 본다, To believe 믿는다 라는 세 단어의 구별

==

17 **저는 진리의 영이라** 세상은 능히 저를 받지 못하나니 이는 저를 보지도 못하고 알지도 못함이라 그러나 너희는 저를 아나니 저는 **너희와 함께 거하심이요. 또 너희 속에 계시겠음이라.**

17 **the Spirit of truth.** The world cannot accept him, because it neither sees him nor knows him. But you know him, for he lives with you and **will be**[cSome early manuscripts and is] **in you.**

18 내가 너희를 **고아와 같이 버려두지** 아니하고 너희에게로 오리라.

18 I will not leave you as orphans; I will come to you.

19 조금 있으면 세상은 다시 나를 보지 못할 터이로되 너희는 나를 보리니 **이는 내가 살았고 너희도 살겠음이라.**

19 Before long, the world will not see me anymore, but you will see me. Because I live, you also will live.

20 그 날에는 내가 아버지 안에, **너희가 내 안에, 내가 너희 안에 있는 것을 너희가 알리라.**

20 On that day you will realize that I am in my Father, and you are in me, and I am in you.

21 나의 계명을 가지고 지키는 자라야 **나를 사랑하는 자니** 나를 사랑하는 자는 내 아버지께 사랑을 받을 것이요 나도 그를 사랑하여 그에게 나를 나타내리라.

21 Whoever has my commands and keeps them is **the one who loves me.** The one who loves me will be loved by my Father, and I too will love them and show myself to them."

22 **가룟인 아닌 유다가** 가로되 주여 어찌하여 자기를 우리에게는 나타내시고 세상에게는 **아니하려 하시나이까?**

22 Then Judas (**not Judas Iscariot**) said, "But, Lord, why do you intend to show yourself to us and **not to the world?**"

23 예수께서 대답하여 가라사대 사람이 나를 사랑하면 내 말을 지키리니 내 아버지께서 **저를 사랑하실 것이요** 우리가 저에게 와서 거처를 저와 함께 하리라.

23 Jesus replied, **"Anyone who loves me will obey my teaching.** My Father will love them, and we will come to them and make our home with them.

24 나를 사랑하지 아니하는 자는 내 말을 지키지 아니하나니 너희의 듣는 **말은 내 말이 아니요 나를 보내신 아버지의 말씀이니라.**

24 Anyone who does not love me will not obey my teaching. **These words you hear** are not my own; they belong to the Father who sent me.

25 내가 아직 너희와 함께 있어서 이 말을 너희에게 하였거니와

25 **"All this I have spoken** while still with you.

26 **보혜사 곧 아버지께서 내 이름으로 보내실 성령** 그가 너희에게 모든 것을 가르치시고 내가 너희에게 말한 **모든 것을 생각나게 하시리라.**

26 **But the Advocate,** the Holy Spirit, whom the Father will send in my name, will teach you all things and will remind you of everything I have said to you.

27 **평안을 너희에게 끼치노니 곧 나의 평안을 너희에게 주노라.** 내가 너희에게 주는 것은 세상이 주는 것 같지 아니하니라. 너희는 마음에 근심도 말고 **두려워하지도 말라.**

27 Peace I leave with you; **my peace I give you.** I do not give to you as the world gives. **Do not let your hearts be troubled** and do not be afraid.

28 내가 갔다가 너희에게로 온다 하는 말을 너희가 들었나니 나를 사랑하였더면 **나의 아버지께로 감을 기뻐하였으리라.** 아버지는 나보다 크심이니라.

28 "You heard me say, 'I am going away and I am coming **back** to you.' If you loved me, you would be glad that I am going to the Father, for the Father is greater than I.

29 이제 일이 이루기 전에 너희에게 말한 것은 **일이 이룰 때에 너희로 믿게 하려 함이라.**

29 I have told you now before it happens, **so that when it does** happen you will believe.

30 이후에는 내가 너희와 말을 많이 하지 아니하리니 이 세상 임금이 오겠음이라. 그러나 **저는 내게 관계할 것이 없으니**

30 I will not say much more to you, **for the prince of this world** is coming. He has no hold over me,

31 오직 내가 아버지를 사랑하는 것과 아버지의 명하신 대로 행하는 것을 세상으로 알게 하려 함이로라 일어나라 여기를 떠나자 하시니라.

31 but he comes so that the world may learn that I love the Father and do exactly what my Father has commanded me. "Come now; let us leave.

Chapter 15. Gospel of John

요한복음 15장 포도나무와 가지치기

하나님의 가지치기 (1-4장)   열매 맺는 비결 (5-8장)
나의 사랑 안에 거하라 (9-15)   세상이 우리를 미워하는
이유 (16-25)

☞ 사랑, 행복, 축복이라는 말은 일상생활의 상호관계에서 비롯됩니다. 특히 우리들의 하나님과의 관계는 포도나무와 가지 관계로 떨어져서는 살 수가 없습니다.

여기서 참이라는 말 : 1:9 참 빛 곧 세상에 와서 각 사람에게 비취는 빛이 있었나니 (**The true light** that gives light to everyone was coming into the world) 하는 구절과 6:32 예수께서 이르시되 내가 진실로 진실로 너희에게 이르노니 하늘에서 내린 떡은 모세가 준 것이 아니라 오직 내 아버지가 하늘에서 내린 참 떡을 너희에게 주시나니 32 Jesus said to them, "Very truly I tell you, it is not Moses who has given you the bread from heaven, but it is my Father who gives you **the true bread** from heaven 와 같이 쓰여지고 있는 것입니다.

성경에서는 포도나무 올리브 무화과나무 등이 특이하게 쓰인다. 농부라는 단어도 Farmer가 아니고 gardener 정원사라고 쓰였다.

1 내가 **참 포도나무요** 내 아버지는 그 농부라.

1 I am the true vine, and my Father is **the gardener**.

2 무릇 내게 있어 과실을 맺지 아니하는 가지는 아버지께서 이를 제해 버리시고 무릇 과실을 맺는 가지는 더 과실을 맺게 하려 하여 이를 깨끗케 하시느니라.

2 He cuts off every branch in me **that bears no fruit**, while every branch that does bear fruit he prunes[**The Greek for he prunes also means he cleans**] 잘라내다 so that it will be even more fruitful.

우리가 생각하는 예수님은 멋쟁이나 미남이 아니라고 성경에서는 예수님의 모양새에 대하여 별로 탐탁하지 않게 이렇게 기록되어 있습니다. (이사야 53:2-3)

2 He grew up before him like a tender shoot, and like a root out of dry ground. He had no beauty or majesty to attract us to him, nothing in his appearance that we should desire him.

2.그는 주 앞에서 자라나기를 연한 순 같고 마른 땅에서 나온 줄기 같아서 고운 모양도 없고 풍채도 없은즉 우리의 보기에 흠모할 만한 아름다운 것이 없도다.

3 He was despised and rejected by mankind, a man of suffering, and familiar with pain. Like one from whom people hide their faces

3 그는 멸시를 받아서 사람에게 싫어 버린 바 되었으며, 간고를 많이 겪었으며 질고를 아는 자라 마치 사람들에게 얼굴을 가리우고 보지 않음을 받는 자 같아서 멸시를 당하였고 우리도 그를 귀히 여기지 아니하였도다.

==

가지는 따로 독립해서 생명을 유지하며 살 수가 없다. 잎만 무성
하고 열매를 맺지 못하는 나무는 농부(하나님, 예수가 아님)가 잘라
버립니다. 생활에서거품은 제거 한다.

The ax is already at the root of the trees, and every tree
that does not produce good fruit will be cut down and thrown
into the fire Mt 3:10
마 3:10 이미 도끼가 나무뿌리에 놓였으니 좋은 열매 맺지 아니하는
나무마다 찍혀 불에 던지우리라.

==

3 너희는 내가 일러 준 말로 이미 깨끗하였으니
3 You are already clean because of **the word I have spoken to
you.**

4 **내 안에 거하라** 나도 너희 안에 거하리라 가지가 포도나무에 붙어
있지 아니하면 절로 과실을 맺을 수 없음같이 너희도 내 안에 있지 아
니하면 그러하리라.
4 **Remain in me,** as I also remain in you. No branch **can bear
fruit by itself;** it must remain in the vine. Neither can you
bear fruit unless you remain in me.

☞ 농부가 전정(가지치기)을 하는 것은 온전한 열매를 맺게 하려 함이니 꼭 붙어 있어야 하고 풍성한 열매를 맺어야 한다. 농부와 나뭇가지의 비유는 하나님, 예수 그리고 우리들, 하나님 안에 거하라 밖으로 돌아다니는 outsider가 아니라 하나님 안에 거하는 우리, 관계를 맺어 상호 보안적인 사이가 되게 하라.
1) 받아 들이라   2) 인내하고 수용하라   3) 감사하라

성령의 열매란 성경에 이렇으되 9가지가 있나니

갈 5:22-23 오직 성령의 열매는 1)사랑과 2)희락과 4)화평과 5)오래 참음과 6)자비와 7)양선과 8)충성과 9) 온유와 절제니 이같은 것을 금지할 법이 없느니라.

22 But the fruit of the Spirit is love, joy, peace, forbearance, kindness, goodness, faithfulness, gentleness and self-control. Against such things there is no law.

롬 7:4-5

4 그러므로 내 형제들아 너희도 그리스도의 몸으로 말미암아 율법에 대하여 죽임을 당하였으니 이는 다른 이 곧 죽은 자 가운데서 살아나신 이에게 가서 우리로 하나님을 위하여 열매를 맺히게 하려 함이니라.

4 So, my brothers and sisters, **you also died to the law** through the body of Christ, that you might belong to another, to him who was raised from the dead, **in order that we might bear fruit for God.**

5 우리가 육신에 있을 때에는 율법으로 말미암는 죄의 정욕이 우리 지체 중에 역사하여 우리로 사망을 위하여 열매를 맺게 하였더니

5 For when we were in the realm of the flesh, **the sinful passions aroused by the law** were at work in us, so that we bore fruit for death.

5 나는 포도나무요 **너희는 가지니** 저가 내 안에, 내가 저 안에 있으면 이 사람은 과실을 많이 맺나니 나를 떠나서는 **너희가 아무것도 할 수 없음이라.**

5 "I am the vine; **you are the branches.** If you remain in me and I in you, you will bear much fruit; apart from me **you can do nothing.**

6 사람이 내 안에 거하지 아니하면 **가지처럼 밖에 버리워 말라지나니** 사람들이 이것을 모아다가 불에 던져 사르느니라.

6 **If you do not remain in me,** you are like a branch that is thrown away and withers; such branches are picked up, **thrown into the fire** and burned.

7 너희가 내 안에 거하고 내 말이 너희 안에 거하면 **무엇이든지 원하는** 대로 구하라 그리하면 이루리라.

7 If you remain in me and **my words remain in you,** ask whatever you wish, and **it will be done for you.**

8 **너희가 과실을 많이 맺으면** 내 아버지께서 영광을 받으실 것이요 너희가 내 제자가 되리라.

8 This is to my Father' s glory, **that you bear much fruit,** showing yourselves to be my disciples.

9 아버지께서 나를 사랑하신 것같이 나도 너희를 사랑하였으니 **나의 사랑 안에 거하라.**

9 "**As the Father has loved me,** so have I loved you. Now remain in my love.

10 내가 아버지의 계명을 지켜 그의 사랑 안에 거하는 것같이 너희도 내 계명을 지키면 **내 사랑 안에 거하리라.**

10 If you keep my commands, **you will remain in my love,** just as I have kept my Father' s commands and remain in his love.

11 내가 이것을 너희에게 이름은 **내 기쁨이 너희 안에 있어** 너희 기쁨을 충만하게 하려 함이니라. (예수 안에 사는 기쁨)

11 I have told you this so **that my joy may be in you** and that your joy may be complete.

☛ **내 사랑 안에 거하라. 내 사랑을 먹으라. 가지치기는 군살을 뺀다는 것으로 다른 가지를 보호합니다. 열매는 영과의 제자, 믿음으로 말씀대로 살라는 뜻입니다.**

☛ **요일 2:15-16을 암송하세요.**

15 Do not love the world or anything in the world. If anyone loves the world, love for the Father[d] is not in them.

15 이 세상이나 세상에 있는 것들을 사랑치 말라 누구든지 세상을 사랑하면 아버지의 사랑이 그 속에 있지 아니하니

16 For everything in the world—the lust of the flesh, the lust of the eyes, and the pride of life—comes not from the Father but from the world.

16 이는 세상에 있는 모든 것이 1)육신의 정욕과 2)안목의 정욕과 3)이생의 자랑이니 다 아버지께로 좇아온 것이 아니요 세상으로 좇아온 것이라.

12 내 계명은 곧 내가 너희를 사랑한 것같이 **너희도 서로 사랑하라** 하는 이것이니라.

12 **My command is this:** Love each other as I have loved you.

13 사람이 친구를 위하여 자기 목숨을 버리면 이에서 더 큰 사랑이 없나니

13 **Greater love has no one than this:** to lay down one's life for one's friends.

14 **너희가 나의 명하는 대로** 행하면 곧 나의 친구라.

14 You are my friends if you do **what I command.**

15 이제부터는 **너희를 종이라 하지 아니하리니** 종은 주인의 하는 것을 알지 못함이라 너희를 친구라 하였노니 내가 내 아버지께 들은 것을 다 너희에게 알게 하였음이니라.

15 **I no longer call you servants,** because a servant does not know his master's business. Instead, I have called you friends, for everything that I learned from my Father I have made known to you.

16 **너희가 나를 택한 것이 아니요** 내가 너희를 **택하여 세웠나니** 이는 너희로 가서 **과실을 맺게** 하고 또 너희 과실이 항상 있게 하여 내 이름으로 아버지께 무엇을 구하든지 다 받게 하려 함이니라.

16 **You did not choose me,** but I chose you and appointed you so that you might go and bear fruit—**fruit that will last—** and so that whatever you ask in my name the Father will give you.

17 내가 이것을 너희에게 명함은 **너희로 서로 사랑하게** 하려 함이로라.

17 This is my command: **Love each other.**

☞ 세상이 우리를 미워하고 분노하고 적개심으로 비방하는 이유

1) 내가 빛이기 때문에 빛을 싫어하는 세상 (요 1:4-5)

4 그 안에 생명이 있었으니 이 생명은 사람들의 빛이라.

4 In him was life, and that life was the light of all mankind.

5 빛이 어두움에 비취되 어두움이 깨닫지 못하더라.

5 The light shines in the darkness, and the darkness has not overcome [understood] it.

2) 빛의 자녀이기 때문에 (마 5:11-12)

11 나를 인하여 너희를 욕하고 핍박하고 거짓으로 너희를 거스려 모든 악한 말을 할 때에는 너희에게 복이 있나니

11 "Blessed are you when people insult you, persecute you and falsely say all kinds of evil against you because of me.

12 기뻐하고 즐거워하라 하늘에서 너희의 상이 큼이라 너희 전에 있던 선지자들을 이같이 핍박하였느니라.

12 Rejoice and be glad, because great is your reward in heaven, for in the same way they persecuted the prophets who were before you.

3) 세상에 속한 자이니까 (벧전 2:9-10)

오직 너희는 1)택하신 족속이요 2)왕 같은 제사장들이요 3)거룩한 나라요 4)그의 소유된 백성이니 이는 너희를 어두운 데서 불러내어 그분의 기이한 빛에 들어가게 하신 자의 아름다운 덕을 선전하게 하려 하심이라.

But you are a chosen people, a royal priesthood, a holy nation, God' s special possession, that you may declare the praises of him who called you out of darkness into his wonderful light.

4) 내가 너를 지명하여 택했나니 너는 내 것이라. 사 43:2-3

But now, this is what the Lord says—he who created you, Jacob, he who formed you, Israel: "Do not fear, for I have redeemed you; I have summoned you by name; you are mine.

18 세상이 너희를 미워하면 너희보다 먼저 나를 미워한 줄을 알라.

18 "If the world hates you, keep in mind that it hated me first.

19 너희가 세상에 속하였으면 **세상이 자기의 것을 사랑할 터이나** 너희는 세상에 속한 자가 아니요 도리어 세상에서 나의 택함을 입은 자인고로 **세상이 너희를 미워하느니라.**

19 If you belonged to the world, **it would love you as its own.** As it is, you do not belong to the world, but I have chosen you out of the world. **That is why the world hates you.**

20 내가 너희더러 **종이 주인보다 더 크지 못하다** 한 말을 기억하라. 사람들이 나를 핍박하였은즉 너희도 핍박할 터이요 내 말을 지켰은즉 너희 말도 지킬 터이라.

20 Remember what I told you: **'A servant is not greater than his master.'** [John 13:16] If they persecuted me, they will persecute you also. If they obeyed my teaching, they will obey yours also.

21 그러나 사람들이 내 이름을 인하여 이 모든 일을 너희에게 하리니 이는 나를 보내신 이를 알지 못함이니라.

21 They will treat you this way because of my name, **for they do not know the one who sent me.**

22 내가 와서 저희에게 말하지 아니하였더면 죄가 없었으려니와 지금은 **그 죄를 핑계할 수 없느니라.**

22 If I had not come and spoken to them, they would not be guilty of sin; **but now they have no excuse for their sin.**

23 나를 미워하는 자는 또 내 아버지를 미워하느니라.

23 Whoever hates me hates my Father as well.

24 내가 아무도 못한 일을 저희 중에서 하지 아니 하였더면 **저희가 죄 없었으려니와** 지금은 저희가 나와 및 내 아버지를 보았고 또 미워하였도다.

24 If I had not done among them the works no one else did, they **would not be guilty of sin.** As it is, they have seen, and yet they have hated both me and my Father.

25 그러나 이는 저희 율법에 기록된 바 저희가 연고 없이 나를 미워하였다 한 말을 응하게 하려 함이니라. (시 35:19 와 69:4)

25 But this is **to fulfill what is written in their Law:** 'They hated me without reason.' [Psalms 35:19; 69:4]

☞ **시 35:19**

무리하게 나의 원수 된 자로 나를 인하여 기뻐하지 못하게 하시며 무고히 나를 미워하는 자로 눈짓하지 못하게 하소서

Do not let those gloat over me who are my enemies without cause; do not let those who hate me without reason maliciously wink the eye.

69:4 무고히 나를 미워하는 자가 내 머리털보다 많고 무고히 내 원수가 되어 나를 끊으려 하는 자가 강하였으니 내가 취치 아니한 것도 물어 주게 되었나이다.

Those who hate me without reason outnumber the hairs of my head; many are my enemies without cause, those who seek to destroy me. I am forced to restore what I did not steal.

---

26 내가 아버지께로서 너희에게 보낼 보혜사 곧 아버지께로서 나오시는 **진리의 성령이 오실 때에** 그가 나를 증거하실 것이요.

26 "When the Advocate comes, whom I will send to you from the Father—the Spirit of truth who goes out from the Father—he will testify about me.

27 너희도 처음부터 나와 함께 있었으므로 증거하느니라.

27 And you also must testify, **for you have been with me from the beginning.**

Chapter 16. Gospel of John
요한복음 16장 성령의 사역

I. 핍박에 대한 준비 (1-4) 회당에서 퇴출. 죽임 당함 그리고 순교.

☛ 고전 12:3 그러므로 내가 너희에게 알게 하노니 하나님의 영으로 말하는 자는 누구든지 예수를 저주할 자라 하지 않고 또 성령으로 아니하고는 누구든지 예수를 주라고 할 수 없느니라.

3 Therefore I want you to know that no one who is speaking by the Spirit of God says, "Jesus be cursed," and no one can say, "Jesus is Lord," except by the Holy Spirit.

☛ 행 1:8 오직 성령이 너희에게 임하시면 너희가 권능을 받고 예루살렘과 온 유대와 사마리아와 땅 끝까지 이르러 내 증인이 되리라 하시니라.

8 But you will receive power when the Holy Spirit comes on you; and you will be my witnesses in Jerusalem, and in all Judea and Samaria, and to the ends of the earth."

II. 보혜사 성령 (7-11)
    예수님은 가시고 아버지에게 요구하여 보낸다

III. 진리의 성령이 오심 (13-15)-진리로 인도. 들은 것을 말함

IV. 부활의 능력: 빼앗을 수 없는 기쁨 (16-24)

V. 환난 속에 관대하라 (25-30)

I. 핍박에 대한 준비 (1-4)

Ready for persecution

1 내가 이것을 너희에게 이름은 너희로 **실족지 않게 하려 함이니**

1 "All this I have told you so that you **will not fall away.**

2 사람들이 너희를 **출회할 뿐 아니라** 때가 이르면 무릇 너희를 죽이는 자가 생각하기를 이것이 하나님을 섬기는 예라 하리라.

2 They will put you **out of the synagogue;** in fact, the time is coming when anyone who kills you will think they are offering **a service to God.**

3 저희가 이런 일을 할 것은 **아버지와 나를 알지 못함이라.**

3 They will do such things because they have not known the **Father or me.**

4 오직 너희에게 이 말을 이른 것은 너희로 그 때를 당하면 내가 너희에게 이 말 한 것을 기억나게 하려 함이요 처음부터 **이 말을 하지 아니 한 것은 내가 너희와 함께 있었음이니라.**

4 I have told you this, so that when their time comes you will remember that I warned you about them. I did not tell you this from the beginning **because I was with you,**

5 지금 내가 나를 보내신 이에게로 가는데 너희 중에서 나더러 어디로 가느냐 **묻는 자가 없고**

5 but now I am going to him who sent me. **None of you asks me,** Where are you going?'

6 도리어 내가 이 말을 하므로 **너희 마음에 근심이** 가득 하였도다.

6 Rather, **you are filled with grief** because I have said these things.

 요한복음에 나타난 예수님의 **일곱 가지 정체성**

요 5:24 내가 진실로 진실로 너희에게 이르노니 내 말을 듣고 또 나를 보내신 이를 믿는 자는 영생을 얻었고 심판에 이르지 아니하나니 사망에서 생명으로 옮겼느니라.

24 "Very truly I tell you, **whoever hears my word and believes him** who sent me has eternal life and will not be judged but has crossed over **from death to life.**

25 진실로 진실로 너희에게 이르노니 죽은 자들이 하나님의 아들의 음성을 들을 때가 오나니 곧 이 때라 듣는 자는 살아나리라.

25 Very truly I tell you, a time is coming and has now come when the dead will hear the voice of the Son of God and those who hear will live.

딤후 3:16 모든 성경은 하나님의 감동으로 된 것으로 1)교훈과 2)책망과 3)바르게 함과 4)의로 교육하기에 유익하니

16 All Scripture is God-breathed and is useful for **teaching, rebuking, correcting and training in righteousness,**

17 이는 하나님의 사람으로 온전케 하며 모든 선한 일을 행하기에 온전케 하려 함이니라.

17 so that the servant of God[a] may be thoroughly equipped for every good work

----

벧후 1:21 예언은 언제든지 사람의 뜻으로 낸 것이 아니요 오직 성령의 감동하심을 입은 사람들이 하나님께 받아 말한 것임이니라.

21 For prophecy never had its origin in the human will, but prophets, though human, spoke from God as they were **carried along by the Holy Spirit**

Ⅱ. 보혜사 성령 (7-11)
The Advocate will Come to you

7 그러하나 내가 너희에게 실상을 말하노니 **내가 떠나가는 것이 너희에게 유익이라.** 내가 떠나가지 아니하면 보혜사가 너희에게로 오시지 아니 할 것이요 가면 내가 그를 너희에게로 보내리니

7 But very truly I tell you, it is for your good **that I am going away.** Unless I go away, the Advocate will not come to you; but if I go, I will send him to you.

8 그가 와서 **죄에 대하여, 의에 대하여, 심판에 대하여** 세상을 책망하시리라.

8 When he comes, he will prove the world to be in the wrong about sin and **righteousness and judgment:**

9 **죄에 대하여라** 함은 저희가 나를 믿지 아니함이요.

9 **about sin,** because people do not believe in me;

10 **의에 대하여라** 함은 내가 아버지께로 가니 너희가 다시 나를 보지 못함이요.

10 **about righteousness,** because I am going to the Father, where you can see me no longer;

11 **심판에 대하여라** 함은 이 세상 임금이 심판을 받았음이니라.

11 **and about judgment,** because the prince of this world now stands condemned.

☛ 인생은 1) 아디서 왔나? 우연히 실수로 왔다 2) 왜 사는가? 먹기 위하고 번식하려고 3) 죽은 후에는 없다 지옥 천국 : 하나님에게서 와서 하나님을 위해 살다가 하나님에게로 갑니다. 하나님 한 분만 상대합니다. 왜냐 하면 시간과 공간을 초월 하시는 분이니까.

☛ 책망의 뜻은 꾸지람이 아니고 마음을 움직이게 한다는 뜻 아니면 깨우치게 한다는 뜻으로 Squeeze into hearts 마음속에 들어가서 지식과 경험으로 예수 그리스도를 믿지 않은 것이 죄라는 뜻이다.

☛ 진리의 성령 - 죄, 의의 심판에 대하여; 성령을 불, 바람 그리고 비둘기로 비유하고 보혜사 성령이 오면 1) 진리 가운데로 인도 2) 자기 뜻이 아니고 들은 대로 3) 미래를 말해서 예수의 영광을 위해 역사 합니다.

☛ 요 14:16-21 참조

Ⅲ. 진리의 성령이 오심 (13-15)
The Sprit of Truth comes

12 내가 아직도 너희에게 이를 것이 많으나 지금은 너희가 감당치 못하리라.

12 "I have much more to say to you, **more than you can now bear.**

13 그러하나 **진리의 성령이 오시면** 그가 너희를 모든 진리 가운데로 인도 하시리니 그가 자의로 말하지 않고 오직 듣는 것을 말하시며 **장래 일을 너희에게 알리시리라.**

13 But when he, **the Spirit of truth, comes,** he will guide you into all the truth. He will not speak on his own; he will speak only what he hears, **and he will tell you what is yet to come.**

14 그가 내 영광을 나타내리니 내 것을 가지고 너희에게 알리겠음이니라.

14 **He will glorify me** because it is from me that he will receive what he will make known to you.

15 무릇 아버지께 있는 것은 **다 내 것이라** 그러므로 내가 말하기를 그가 내 것을 가지고 너희에게 알리리라 하였노라.

15 **All that belongs to the Father is mine.** That is why I said the Spirit will receive from me what he will make known to you."

16 **조금 있으면 너희가 나를 보지 못하겠고** 또 조금 있으면 나를 보리라 하신대

16 Jesus went on to say, **"In a little while you will see me no more,** and then after a little while you will see me."

☛ **고전 15:16-18**

16 만일 죽은 자가 다시 사는 것이 없으면 그리스도도 다시 사신 것이 없었을 터이요.

16 For if the dead are not raised, then Christ has not been raised either.

17 그리스도께서 다시 사신 것이 없으면 너희의 믿음도 헛되고 너희가 여전히 죄 가운데 있을 것이요.

17 And if Christ has not been raised, your faith is futile; you are still in your sins.

18 또한 그리스도 안에서 잠자는 자도 망하였으리니

18 Then those also who have fallen asleep in Christ are lost

19 만일 그리스도 안에서 우리의 바라는 것이 다만 이생뿐이면 모든 사람 가운데 우리가 더욱 불쌍한 자리라.

19 If only for this life we have hope in Christ, we are of all people most to be pitied.

IV. 부활의 능력 (16-24)

Power of Resurrection

17 제자 중에서 서로 말하되 우리에게 말씀하신 바 조금 있으면 나를 보지 못하겠고 또 조금 있으면 나를 보리라 하시며 또 내가 아버지께로 감이라 하신 것이 무슨 말씀이뇨 하고

17 At this, some of his disciples said to one another, "What does he mean by saying, 'In a little while you will see me no more, and then after a little while you will see me,' and 'Because I am going to the Father' ?"

18 또 말하되 조금 있으면 이라 한 말씀이 무슨 말씀이뇨? 무엇을 말씀하시는지 **알지 못하노라 하거늘**

18 They kept asking, "What does he mean by 'a little while' ? **We don' t understand what he is saying.**"

19 예수께서 그 묻고자 함을 아시고 가라사대 내 말이 조금 있으면 나를 보지 못하겠고 또 조금 있으면 나를 보리라 하므로 서로 문의하느냐?

19 Jesus saw that they wanted to **ask him about this**, so he said to them, "Are you asking one another what I meant when I said, 'In a little while you will see me no more, **and then after a little while you will see me'** ?

20 내가 진실로 진실로 너희에게 이르노니 **너희는 곡하고 애통하겠으나 세상은 기뻐하리라** 너희는 근심하겠으나 너희 근심이 도리어 기쁨이 되리라.

20 Very truly I tell you, **you will weep and mourn while the world rejoices.** You will grieve, but your grief will turn to joy.

21 **여자가 해산하게 되면** 그 때가 이르렀으므로 근심하나 아이를 낳으면 세상에 사람 난 기쁨을 인하여 그 고통을 다시 기억지 아니하느니라.

21 A woman giving birth **to a child has pain** because her time has come; but when her baby is born she forgets the anguish because of her joy **that a child is born into the world.**

22 **지금은 너희가 근심하나** 내가 다시 너희를 보리니 너희 마음이 기쁠 것이요 너희 기쁨을 빼앗을 자가 없느니라.

22 So with you: **Now is your time of grief**, but I will see you again and you will rejoice, and no one will take away your joy.

23 **그 날에는 너희가 아무것도 내게 묻지 아니하리라** 내가 진실로 진실로 너희에게 이르노니 너희가 무엇이든지 아버지께 구하는 것을 내 이름으로 주시리라.

23 In that day you will no longer ask me anything. Very truly I tell you, my Father will give you whatever you ask in my name.

V. 환난 속에 관대하라 (25-30)
The Father Himself loves you

24 **지금까지는** 너희가 내 이름으로 아무것도 구하지 아니하였으나 구하라 그리하면 받으리니 너희 기쁨이 충만하리라.

24 **Until now you have not asked for anything in my name.** Ask and you will receive, and your joy will be complete.

25 이것을 **비사로 너희에게 일렀거니와** 때가 이르면 다시 비사로 너희에게 이르지 않고 아버지에 대한 것을 밝히 이르리라.

25 "Though I have been **speaking figuratively**, a time is coming when I will no longer use this kind of language but will tell you **plainly about my Father**.

34 Jesus spoke all these things to the crowd in parables; he did not say anything to them without using a parable.

34. 예수께서 이 모든 것을 무리에게 비유로 말씀하시고 비유가 아니면 아무것도 말씀하지 아니하셨으니

35 이는 선지자로 말씀하신 바 내가 입을 열어 비유로 말하고 창세부터 감추인 것들을 드러내리라 함을 이루려 하심이니라.

35 So was fulfilled what was spoken through the prophet: "I will open my mouth in parables, I will utter things hidden since the creation of the world." [Psalm 78:2)

26 그 날에 너희가 **내 이름으로 구할 것이요** 내가 너희를 위하여 아버지께 구하겠다 하는 말이 아니니

26 In that day **you will ask in my name**. I am not saying that I will ask the Father on your behalf.

27 이는 너희가 나를 사랑하고 또 나를 하나님께로서 온 줄 믿은 고로 아버지께서 **친히 너희를 사랑하심이니라.**

27 No, **the Father himself loves you** because you have loved me and have believed that I came from God.

28 **내가 아버지께로 나와서 세상에 왔고** 다시 세상을 떠나 아버지께로 가노라 하시니

28 I came from the Father and entered the world; **now I am leaving the world and going back to the Father."**

29 제자들이 말하되 지금은 밝히 말씀하시고 아무 비사도 하지 아니하시니

29 Then Jesus' disciples said, "Now you are speaking clearly and **without figures of speech.**

30 우리가 지금에야 주께서 모든 것을 아시고 또 사람의 물음을 기다리시지 **않는 줄 아나이다.** 이로써 하나님께로서 나오심을 우리가 믿사옵나이다.

30 **Now we can see** that you know all things and that you do not even need to have anyone ask you questions. **This makes us believe that you came from God.**"

31 예수께서 대답하시되 이제는 너희가 믿느냐.

31 "Do you now believe?" Jesus replied.

32 보라 너희가 다 각각 제 곳으로 흩어지고 나를 혼자 둘 때가 오나니 벌써 왔도다. **그러나 내가 혼자 있는 것이 아니라** 아버지께서 나와 함께 계시느니라.

32 "A time is coming and in fact has come when you will be scattered, **each to your own home.** You will leave me all alone. **Yet I am not alone,** for my Father is with me.

33 이것을 너희에게 이름은 너희로 내 안에서 평안을 누리게 하려 함이라. 세상에서는 너희가 환난을 당하나 담대하라 내가 세상을 이기었노라 하시니라.

33 "I have told you these things, so that in me you may have peace. In this world you will have trouble. But take heart! I have overcome the world."

Chapter 17. Gospel of John

요한복음 17장 예수님의 기도

16장에서 성령 하나님이 환난과 핍박에서 우리를 도우사 보혜사
성령과 진리의 성령을 보내주신 예수님이
17장 전체에서 행하신 가장 긴 기도문인데 세부분으로 구분이
됩니다. 예수님은 새벽기도, 철야기도 그리고 중보기도와 금식기
도의 표본을 보여주셨다.

Ⅰ. 자신을 위한 기도 (1-5)
Ⅱ. 제자들을 위한 기도 (6-20)
Ⅲ. 믿는 자들을 위한 기도 (22-26)

Ⅰ. 자신을 위한 기도 (1-5)

Jesus prays for Himself

1 예수께서 이 말씀을 하시고 눈을 들어 하늘을 우러러 가라사대
아버지여 때가 이르렀사오니 아들을 영화롭게 하사 아들로 아버지를
영화롭게 하게 하옵소서. (아들이 잘되는 것이 하나님이 잘 되는 것
입니다)

1 After Jesus said this, he looked toward heaven and prayed:
"Father, the hour has come." Glorify your Son, that your Son
may **glorify you.**

2 아버지께서 아들에게 주신 모든 자에게 영생을 주게 하시려고 만민을 **다스리는 권세를** 아들에게 주셨음 이로소이다.

2 **For you granted him authority** over all people that he might give eternal life to all those you have given him.

3 영생은 곧 유일하신 참 하나님과 그의 보내신 자 예수 그리스도를 아는 것이니이다. ☞ **영생이란 무엇인가?**

3 **Now this is eternal life:** that they know you, the only true God, and Jesus Christ, **whom you have sent.**

4 아버지께서 내게 하라고 주신 일을 내가 이루어 아버지를 이 세상에서 **영화롭게 하였사오니**

4 **I have brought you glory on earth by** finishing the work you gave me to do.

> ☞ 요 5:20 아버지께서 아들을 사랑하사 자기의 행하시는 것을 다 아들에게 보이시고 또 그보다 더 큰 일을 보이사 너희로 기이히 여기게 하시리라.
>
> 20 For the Father loves the Son and shows him all he does. Yes, and he will show him even greater works than these, so that you will be amazed.

5 아버지여 창세 전에 내가 아버지와 함께 가졌던 영화로써 지금도 **아버지와 함께 나를 영화롭게 하옵소서.**

5 And now, **Father, glorify me in your presence** with the glory I had with you before the world began.

엡 2:14 그는 우리의 화평이신지라 둘로 하나를 만드사 중간에 막힌 담을 허시고

14 For he himself is our peace, who has made the two groups one and has destroyed the barrier, the dividing wall of hostility, by setting aside in his flesh the law with its commands and regulations.

☛ 1) 하나 되게 하시고 보호하고 지켜주시고
   2) 기쁨으로 충만하게 하시고 13절
   3) 악한자로부터 보호 하셨습니다 14절
   4) 진리로 거룩하게 하시옵소서 16-7절
☛ 성경 중에서 자신을 죽여 달라고 말한 모세. 엘리야, 요나 같은 선지자들을 생각나게 했습니다.

바울은 빌립보서 1:23-4에서

21 이는 내게 사는 것이 그리스도니 **죽는 것도 유익함**이니라.

21 For to me, to live is Christ and to **die is gain**.

22 그러나 만일 육신으로 사는 이것이 내 일의 열매일진대 무엇을 가릴는지 **나는 알지 못하노라!**

22 If I am to go on living in the body, this will mean fruitful labor for me. Yet what shall I choose? **I do not know!**

23 내가 그 두 사이에 끼였으니 떠나서 그리스도와 함께 있을 욕망을 **가진 이것이 더욱 좋으나**

23 I am torn between the two: I desire to depart and be with Christ, which is better by far;

24 그러나 내가 육신에 거하는 것이 너희를 위하여 **더 유익하리라.**

24 but it is more necessary for you that I remain in the body.

II. 제자들을 위한 기도 (6-20)

Jesus prays for his disciples

6 세상 중에서 내게 주신 사람들에게 내가 **아버지의 이름을 나타내었나이다.** 저희는 아버지의 것이었는데 내게 주셨으며 저희는 아버지의 말씀을 지키었나이다.

6 **"I have revealed you"** [Greek your name] to those whom you gave me out of the world. They were yours; you gave them to me and they have obeyed your word

7 지금 저희는 아버지께서 내게 주신 것이 **다 아버지께로서 온 것인** 줄 알았나이다.

7 Now they know that **everything you have given me** comes from you.

═══

☛ 갈 2:20-21

20 내가 그리스도와 함께 십자가에 못 박혔나니 그런즉 이제는 내가 산 것이 아니요 오직 내 안에 그리스도께서 사신 것이라 이제 내가 육체 가운데 사는 것은 나를 사랑하사 나를 위하여 자기 몸을 버리신 하나님의 아들을 믿는 믿음 안에서 사는 것이라.

20 I have been crucified with Christ and I no longer live, but Christ lives in me. The life I now live in the body, I live by faith in the Son of God, who loved me and gave himself for me.

21 내가 하나님의 은혜를 폐하지 아니하노니 만일 의롭게 되는 것이 율법으로 말미암으면 그리스도께서 헛되이 죽으셨느니라.

21 I do not set aside the grace of God, for if righteousness could be gained through the law, Christ died for nothing!" [e]

═══

8 나는 아버지께서 내게 주신 말씀들을 저희에게 주었사오며 저희는 **이것을 받고** 내가 아버지께로부터 나온 줄을 **참으로 아오며** 아버지께서 나를 보내신 줄도 믿었사옵나이다.

8 For I gave them the words you gave me and **they accepted them. They knew with certainty** that I came from you, and they believed that you sent me.

9 **내가 저희를 위하여 비옵나니 내가 비옵는 것은 세상을 위함이 아니요** 내게 주신 자들을 위함이 나이다 저희는 아버지의 것이로소이다.

9 I pray for them. **I am not praying for the world**, but for those you have given me, for they are yours.

10 내 것은 다 아버지의 것이요 **아버지의 것은 내 것이온데** 내가 저희로 말미암아 영광을 받았나이다.

10 All I have is yours, **and all you have is mine.** And glory has come to me through them.

11 나는 세상에 더 있지 아니하오나 **저희는 세상에 있사옵고** 나는 아버지께로 가옵나니 거룩하신 아버지여 내게 주신 아버지의 이름으로 저희를 보전하사 **우리와 같이 저희도 하나가 되게 하옵소서.**

11 I will remain in the world no longer, **but they are still in the world,** and I am coming to you. Holy Father, **protect them by the power of** [Or Father, keep them faithful to] your name, the name you gave me, so that they may be one as we are one.

12 내가 저희와 함께 있을 때에 내게 주신 아버지의 이름으로 저희를 **보전하여 지키었나이다.** 그 중에 하나도 멸망치 않고 오직 멸망의 자식뿐이오니 이는 **성경을 응하게 함이니이다.**

12 While I was with them, I protected them and **kept them safe by**[c Or kept them faithful to] that name you gave me. None has been lost except the one doomed to destruction **so that Scripture would be fulfilled.**

13 지금 내가 아버지께로 가오니 내가 세상에서 이 말을 하옵는 것은 저희로 **내 기쁨을 저희 안에 충만히 가지게** 하려 함이니이다.

13 "I am coming to you now, but I say these things while I am still in the world, so that **they may have the full measure of my joy within them.**

14 내가 아버지의 말씀을 저희에게 주었사오매 세상이 저희를 미워하였사오니 이는 내가 세상에 속하지 아니함같이 **저희도 세상에 속하지 아니**함을 인함이니이다.

14 I have given them your word and **the world has hated them,** for they are not of the world any more than I am of the world.

15 내가 비옵는 것은 저희를 **세상에서 데려가시기를 위함이 아니요** 오직 악에 빠지지 않게 보전하시기를 위함이니이다.

15 My prayer is **not that you take them out of the world** but that you protect them from the evil one.

16 **내가 세상에 속하지 아니함같이** 저희도 세상에 속하지 아니하였삽나이다.

16 They are not of the world, **even as I am not of it.**

17 저희를 진리로 거룩하게 하옵소서 **아버지의 말씀은 진리니이다.**

17 Sanctify them by[Or **them to live in accordance with**] the truth; your word is truth.

18 아버지께서 나를 세상에 보내신 것같이 **나도 저희를 세상에 보내**
었고

18 As you sent me into the world, I **have sent them into the**
world.

19 또 저희를 위하여 내가 **나를 거룩하게 하오니** 이는 저희도 진리
로 거룩함을 얻게 하려 함이니이다.

19 For them I sanctify myself, **that they too may be truly**
sanctified.

━━

III 믿는 지들을 위한 기도 (20-26)

Jesus Prays for All Believers

대제사장 예수님의 기도 − 40일 금식기도, 새벽기도, 철야기도

20 내가 비옵는 것은 이 사람들만 위함이 아니요 **또 저희 말을 인하**
여 나를 믿는 사람들도 위함이니

20 "My prayer is not for them alone. I pray also for those
who will believe in me **through their message,**

21 아버지께서 내 안에, 내가 아버지 안에 있는 것같이 저희도 **다**
하나가 되어 우리 안에 있게 하사 세상으로 아버지께서 나를 보내신
것을 믿게 하옵소서.

21 that all of them may be one, Father, just as you are in
me and I am in you. **May they also be in us so** that the world
may believe that you have sent me.

☛ 엡 2:19-22

19 그러므로 이제부터 너희가 외인도 아니요 손도 아니요 오직 성도들과 동일한 시민이요 하나님의 권속이라.

19 Consequently, you are no longer foreigners and strangers, but fellow citizens with God's people and also members of his household,

20 너희는 사도들과 선지자들의 터 위에 세우심을 입은 자라 그리스도 예수께서 친히 모퉁이 돌이 되셨느니라.

20 built on the foundation of the apostles and prophets, with Christ Jesus himself as the chief cornerstone.

21 그의 안에서 건물마다 서로 연결하여 주 안에서 성전이 되어 가고

21 In him the whole building is joined together and rises to become a holy temple in the Lord.

22 너희도 성령 안에서 하나님의 거하실 처소가 되기 위하여 예수 안에서 함께 지어져 가느니라.

22 And in him you too are being built together to become a dwelling in which God lives by his Spirit.

22 내게 주신 영광을 내가 저희에게 주었사오니 이는 우리가 하나가 된 것같이 저희도 **하나가 되게 하려 함이니이다.**

22 I have given them the glory that you gave me, **that they may be one as we are one**

23 곧 내가 저희 안에, 아버지께서 내 안에 계셔 저희로 온전함을 이루어 **하나가 되게 하려 함은** 아버지께서 나를 보내신 것과 또 나를 사랑하심같이 저희도 사랑하신 것을 **세상으로 알게 하려 함이로소이다.**

23 I in them and you in me—so that they may be brought to complete unity. **Then the world will know that you sent me** and have loved them even as you have loved me.

24 아버지여 내게 주신 자도 나 있는 곳에 나와 함께 있어 아버지께서 **창세 전부터 나를 사랑하시므로** 내게 주신 나의 영광을 저희로 보게 하시기를 원하옵나이다.

24 "Father, I want those you have given me to be with me where I am, and to see my glory, the glory you have given me because you **loved me before the creation of the world.**

25 의로우신 아버지여 **세상이 아버지를 알지 못하여도** 나는 아버지를 알았사옵고 저희도 아버지께서 나를 보내신 줄 알았삽나이다.

25 "Righteous Father, **though the world does not know you,** I know you, and they know that you have sent me.

26 내가 아버지의 이름을 **저희에게 알게 하였고 또 알게 하리니** 이는 나를 사랑하신 사랑이 저희 안에 있고 나도 저희 안에 있게 하려 함이나이다.

26 I **have made you**[Greek your name] **known to them,** and will continue to make you known in order that the love you have for me may be in them and that I myself may be in them."

Chapter 18. Gospel of John
요한복음 18장 예수님 체포당함

예수님이 잡히시는 장면의 등장인물 분석

1) 예수님(1-9절) -- 배신. 잡히는 사실을 알고 있었다. 십자가를 피하지 않았다. 요 10:17-18
2) 가룻 유다 -- 예수님을 믿지 않았다. 탐욕자로 회개기회를 놓쳤다. 마 26:48, 요 12:5-6
3) 베드로(10-12) -- 칼로 체포하러 온 종의 귀를 자른다. 10
4) 빌라도 -- 진실을 알았다. 질문의 이해를 못 했다. 권력을 이행하지 아니했다.

1 예수께서 이 말씀을 하시고 제자들과 함께 **기드론 시내 저편으로** 나가시니 거기 동산이 있는데 제자들과 함께 들어가시다.

1 When he had finished **praying**, Jesus left with his disciples and crossed **the Kidron Valley**. On the other side there was a garden, and he and his disciples went into it.

2 거기는 예수께서 제자들과 가끔 모이시는 곳이므로 예수를 파는 유다도 **그 곳을 알더라.**

2 Now Judas, who betrayed him, **knew the place**, because Jesus had often met there with his disciples.

3 유다가 **군대** 및 대제사장들과 바리새인들에게서 얻은 **하속들을** 데리고 **등과 홰와 병기**를 가지고 그리로 오는지라.

3 So Judas came to the garden, **guiding a detachment of soldiers** and some officials from the chief priests and the Pharisees. They were carrying **torches, lanterns and weapons.**

4 예수께서 **그 당할 일을 다 아시고** 나아가 가라사대 너희가 누구를 찾느냐?

4 Jesus, **knowing all that was going to happen to him**, went out and asked them, "Who is it you want?"

☛ **누가복음 23: 10-12**

10 대제사장들과 서기관들이 서서 힘써 고소하더라.

10 The chief priests and the teachers of the law were standing there, vehemently accusing him.

11 헤롯이 그 군병들과 함께 예수를 업신여기며 희롱하고 빛난 옷을 입혀 빌라도에게 도로 보내니

11 Then Herod and his soldiers ridiculed and mocked him. Dressing him in an elegant robe, they sent him back to Pilate.

12 헤롯과 빌라도가 전에는 원수이었으나 당일에 서로 친구가 되니라.

12 That day Herod and Pilate became friends—before this they had been enemies.

5 대답하되 나사렛 예수라 하거늘 가라사대 **내로라 하시니라.** 그를 파는 유다도 저희와 함께 섰더라.

5 "Jesus of Nazareth," they replied. **"I am he,"** Jesus said. (And Judas the traitor was standing there with them.)

6 예수께서 저희에게 내로라하실 때에 **저희가 물러가서 땅에 엎드러지는지라.**

6 When Jesus said, "I am he," **they drew back and fell to the ground.**

7 이에 다시 누구를 찾느냐고 물으신대 저희가 말하되 나사렛 예수라 하거늘

7 Again he asked them, **"Who is it you want?"** "Jesus of Nazareth," they said.

8 예수께서 대답하시되 너희에게 내로라하였으니 나를 찾거든 이 사람들의 가는 것을 용납하라 하시니

8 Jesus answered, **"I told you that I am he.** If you are looking for me, then let these men go."

9 이는 아버지께서 내게 주신 자 중에서 하나도 잃지 아니하였삽나이다 **하신 말씀을 응하게 하려 함이러라.**

9 This happened so that the words he had spoken **would be fulfilled:** "I have not lost one of those you gave me." [a]

10이에 시몬 베드로가 검을 가졌는데 이것을 빼어 대제사장의 종을 쳐서 **오른편 귀를 베어 버리니 그 종의 이름은 말고라.**

10 Then Simon Peter, who had a sword, drew it and struck the high priest's **servant, cutting off his right ear.** (The servant's name was **Malchus.**)

11 예수께서 베드로더러 이르시되 **검을 집에 꽂으라.** 아버지께서 주신 잔을 내가 마시지 아니하겠느냐 하시니라.

11 Jesus commanded Peter, "Put your sword away! Shall I not drink the cup the Father has given me?"

12 이에 군대와 천부장과 유대인의 하속들이 **예수를 잡아 결박하여**

12 Then the detachment of soldiers with its commander and the Jewish officials arrested Jesus. **They bound him.**

13 먼저 안나스에게로 끌고 가니 안나스는 **그 해의 대제사장인 가야바의 장인이라.**

13 and brought him first to Annas, who was the father-in-law of Caiaphas, the high priest that year.

14 가야바는 유대인들에게 **한 사람이 백성을 위하여 죽는 것이 유익하다** 권고하던 자러라.

14 Caiaphas was the one who had advised the Jewish leaders that it would be good **if one man died for the people.**

☛ 베드로의 첫 번째 부인
Peter's First Denial

15 시몬 베드로와 또 다른 제자 하나가 예수를 따르니 이 제자는 **대제사장과 아는 사람이라.** 예수와 함께 대제사장의 집 뜰에 들어가고

15 Simon Peter and another disciple were following Jesus. Because **this disciple was known to the high priest**, he went with Jesus into the high priest's courtyard,

16 **베드로는 문 밖에 섰는지라.** 대제사장과 아는 그 다른 제자가 나가서 문 지키는 여자에게 말하여 베드로를 데리고 들어왔더니

16 but Peter had to wait outside at the door. The other disciple, who was known to the high priest, came back, **spoke to the servant girl** on duty there and brought Peter in.

17 문 지키는 여종이 베드로에게 말하되 너도 이 사람의 제자 중 하나가 아니냐 하니 **그가 말하되 나는 아니라** 하고

17 "You aren' t one of this man' s disciples too, **are you?**" she asked Peter. He replied, "**I am not.**"

18 **그 때가 추운 고로** 종과 하속들이 숯불을 피우고 서서 쬐니 베드로도 함께 **서서 쬐더라.**

18 **It was cold,** and the servants and officials stood around a fire they had made to keep warm. Peter also was standing with them, **warming himself.**

19 제사장이 예수에게 그의 제자들과 그의 교훈에 대하여 물으니

The High Priest Questions Jesus 대제사장이 심문

19 Meanwhile, the high priest questioned Jesus about his disciples **and his teaching.**

20 예수께서 대답하시되 내가 드러내어 놓고 **세상에 말하였노라.** 모든 유대인들의 모이는 회당과 성전에서 항상 가르쳤고 은밀히는 아무것도 **말하지 아니하였거늘**

20 "**I have spoken openly to the world,**" Jesus replied. "I always taught in synagogues or at the temple, where all the Jews come together. **I said nothing in secret.**

21 어찌하여 내게 묻느냐 내가 무슨 말을 하였는지 들은 자들에게 물어 보라 저희가 **나의 하던 말을 아느니라.**

21 Why question me? Ask those who heard me. **Surely they know what I said.**"

22 이 말씀을 하시매 곁에 섰는 하속 하나가 **손으로 예수의 얼굴을
쳐** 가로되 네가 대제사장에게 이같이 대답하느냐 하니

22 When Jesus said this, one of the officials nearby **slapped
him in the face.** "Is this the way you answer the high
priest?" he demanded.

23 예수께서 대답하시되 **내가 말을 잘못하였으면** 그 잘못한 것을 증
거하라. 잘하였으면 네가 어찌하여 나를 치느냐 하시더라.

23 "If I said something wrong," Jesus replied, "testify as to
what is wrong. **But if I spoke the truth,** why did you strike me?"

24 안나스가 예수를 결박한 그대로 대제사장 가야바에게 보내니라.

24 Then Annas **sent him bound to Caiaphas** the high priest.

25 시몬 베드로가 **서서 불을 쬐더니** 사람들이 묻되 너도 그 제자 중
하나가 아니냐? 베드로가 부인하여 가로되 나는 아니라 하니

Peter's Second and Third Denials

25 Meanwhile, Simon Peter was still standing there **warming
himself.** So they asked him, "You aren't one of his disciples
too, are you?" He denied it, saying, **"I am not."**

26 대제사장의 종 하나는 베드로에게 **귀를 베어 버리운 사람의 일가
라.** 가로되 네가 그 사람과 함께 동산에 있던 것을 내가 보지 아니하
였느냐?

26 One of the high priest's servants, **a relative of the man
whose** ear Peter had cut off, challenged him, "Didn't I see
you with him in the garden?"

27 이에 베드로가 또 부인하니 곧 닭이 울더라.

27 Again Peter denied it, and at that moment a rooster began to crow

66 날이 새매 백성의 장로들 곧 대제사장들과 서기관들이 모여 예수를 그 공회로 끌어들여

66 At daybreak the council of the elders of the people, both the chief priests and the teachers of the law, met together, and Jesus was led before them.

67 가로되 네가 그리스도여든 우리에게 말하라 대답하시되 내가 말할찌라도 너희가 믿지 아니할 것이요.

67 "If you are the Messiah," they said, "tell us." **Jesus answered, "If I tell you, you will not believe me**

68 내가 물어도 너희가 대답지 아니할 것이니라.

68 and if I asked you, you would not answer.

28 저희가 예수를 가야바에게서 **관정으로 끌고** 가니 새벽이라. 저희는 더럽힘을 받지 아니하고 유월절 잔치를 먹고자 하여 관정에 들어가지 아니하더라. **Jesus Before Pilate**

28 Then the Jewish leaders **took Jesus from Caiaphas to the palace** of the Roman governor. By now it was early morning, and to avoid ceremonial uncleanness they did not enter the palace, because they **wanted to be able to eat the Passover.**

29 그러므로 빌라도가 밖으로 저희에게 나가서 말하되 **너희가 무슨 일로** 이 사람을 고소하느냐?

29 So Pilate came out to them and asked, **"What charges are you** bringing against this man?"

30 대답하여 가로되 이 사람이 행악자가 아니었더면 우리가 당신에게 넘기지 아니하였겠나이다.

30 "If he were not a criminal," they replied, **"we would not have handed him over to you."**

31 빌라도가 가로되 너희가 저를 데려다가 **너희 법대로 재판하라.** 유대인들이 가로되 우리에게는 사람을 죽이는 권이 없나이다 하니

31 Pilate said, "Take him yourselves and judge him by your own law." **"But we have no right to execute anyone,"** they objected.

32 이는 예수께서 자기가 어떠한 죽음으로 죽을 것을 가리켜 하신 말씀을 **응하게 하려 함이러라.**

32 **This took place to fulfill** what Jesus had said about the kind of death he was going to die.

33 이에 빌라도가 다시 관정에 들어가 예수를 불러 가로되 **네가 유대인의 왕이냐?**

33 Pilate then went back inside the palace, summoned Jesus and asked him, **"Are you the king of the Jews?"**

34 예수께서 대답하시되 이는 **네가 스스로 하는 말이뇨.** 다른 사람들이 나를 대하여 네게 한 말이뇨?

34 **"Is that your own idea,"** Jesus asked, "or did others talk to you about me?"

35 빌라도가 대답하되 **내가 유대인이냐** 네 나라 사람과 대제사장들
이 너를 내게 넘겼으니 네가 무엇을 하였느냐?

35 "**Am I a Jew?**" Pilate replied. "Your own people and chief
priests handed you over to me. What is it you have done?"

36 예수께서 대답하시되 **내 나라는 이 세상에 속한 것이 아니라.** 만
일 내 나라가 이 세상에 속한 것이었더면 내 종들이 싸워 나로 유대인
들에게 넘기우지 않게 하였으리라. 이제 내 나라는 여기에 속한 것이
아니니라.

36 Jesus said, "**My kingdom is not of this world.** If it were,
my servants would fight to prevent my arrest by the Jewish
leaders. But **now my kingdom is from another place.**"

37 빌라도가 가로되 그러면 네가 왕이 아니냐? 예수께서 대답하시되
네 말과 같이 내가 왕이니라. 내가 이를 위하여 났으며 이를 위하여
세상에 왔나니 곧 **진리에 대하여 증거하려 함이로다.** 무릇 진리에 속
한 자는 내 소리를 듣느니라 하신대

37 "You are a king, then!" said Pilate. Jesus answered,
"**You say that I am a king**" . In fact, the reason I was born
and came into the world is **to testify to the truth.** Everyone on
the side of truth listens to me."

38 **빌라도가 가로되 진리가 무엇이냐** 하더라. 이 말을 하고 다시 유
대인들에게 나가서 이르되 나는 그에게서 아무 죄도 찾지 못하노라.

38 "**What is truth?**" retorted Pilate. With this he went out
again to the Jews gathered there and said, "**I find no basis for
a charge** against him.

39 유월절이면 내가 너희에게 **한 사람을 놓아 주는 전례가 있으니** 그
러면 너희는 내가 유대인의 왕을 너희에게 놓아 주기를 원하느냐 하니

39 But it is your custom for me **to release to you one prisoner**
at the time of the Passover. Do you want me to release 'the
king of the Jews' ?"

40 저희가 또 소리질러 가로되 이 사람이 아니라 바라바라 하니 바
라바는 강도러라.

40 They shouted back, **"No, not him! Give us Barabbas!"**
Now Barabbas had taken part in an uprising.

Chapter 19. Gospel of John
요한복음 19장 십자가 처형

1 이에 빌라도가 예수를 데려다가 **채찍질하더라.**

1 Then Pilate took Jesus and had him **flogged.**

2 군병들이 **가시로 면류관을 엮어** 그의 머리에 씌우고 자색 옷을 입히고

2 The soldiers twisted together **a crown of thorns** and put it on his head. They clothed him in a purple robe

3 앞에 와서 가로되 유대인의 왕이여 평안할지어다 하며 손바닥으로 얼굴을 때리더라.

3 and went up to him again and again, saying, **"Hail, king of the Jews!"** And they slapped him in the face.

4 빌라도가 다시 밖에 나가 말하되 보라 이 사람을 데리고 너희에게 나오나니 이는 내가 **그에게서 아무 죄도 찾지 못한 것을** 너희로 알게 하려 함이로다 하더라.

4 Once more Pilate came out and said to the Jews gathered there, "Look, I am bringing him out to you to let you know that I find no **basis for a charge against him.**"

5 이에 예수께서 가시 면류관을 쓰고 자색 옷을 입고 나오시니 빌라도가 저희에게 말하되 **보라 이 사람이로다** 하매

5 When Jesus came out wearing the crown of thorns and the purple robe, Pilate said to them, **"Here is the man!"**

> ☞ 예수님은
> 1. 부당하게 야간 재판을 받으시고
> 2. 채찍과 자주색 옷 가시 면류관으로 조롱 당하시면서
> 3. 속죄 양이 되었으니 그 당하심이 그분의 영광을 나타냄이라 하였습니다.
>
> ☞ 히 11:11-12
> 11 믿음으로 사라 자신도 나이 늙어 단산하였으나 잉태하는 힘을 얻었으니 이는 약속하신 이를 미쁘신 줄 앎이라.
>
> 11 And by faith even Sarah, who was past childbearing age, was enabled to bear children because she[b] considered him faithful who had made the promise.
>
> 12 이러므로 죽은 자와 방불한 한 사람으로 말미암아 하늘에 허다한 별과 또 해변의 무수한 모래와 같이 많이 생육하였느니라.
>
> 12 And so from this one man, and he as good as dead, came descendants as numerous as the stars in the sky and as countless as the sand on the seashore.

6 대제사장들과 하속들이 예수를 보고 소리질러 가로되 십자가에 못 박게 하소서 **십자가에 못 박게 하소서** 하는지라 빌라도가 가로되 너희가 친히 데려다가 십자가에 못 박으라 나는 그에게서 **죄를 찾지 못하노라.**

6 As soon as the chief priests and their officials saw him, they shouted, "Crucify! Crucify!" But Pilate answered, "You take him and crucify him. As for me, I find **no basis for a charge against him.**"

7 유대인들이 대답하되 우리에게 법이 있으니 그 법대로 하면 저가 당연히 죽을 것은 저가 **자기를 하나님 아들이라** 함이니이다.

7 The Jewish leaders insisted, "We have a law, and according to that law he must die, because **he claimed to be the Son of God.**"

8 빌라도가 이 말을 듣고 더욱 **두려워하여**

8 When Pilate heard this, he was even more afraid,

9 다시 관정에 들어가서 예수께 말하되 **너는 어디로서냐** 하되 예수께서 대답하여 주지 아니하시는지라.

9 and he went back inside the palace. "Where do you come from?" he asked Jesus, but **Jesus gave him no answer.**

10 빌라도가 가로되 내게 말하지 아니하느냐 내가 너를 놓을 권세도 있고 십자가에 못 박을 **권세도 있는 줄 알지 못하느냐?**

10 "Do you refuse to speak to me?" Pilate said. "Don't you realize I have power either to free you or to crucify you?"

☛ 하나님을 거부하는 세상에서 군중심리 그리고 예루살렘 입
성 때와 비교 해 봅니다.
1. 변명하지 않음   2. 고난을 수용하심
3. 사람을 의지 않음   4. 하나님의 뜻에 순종하심

☛ 시 21:1-2
1 여호와여 왕이 주의 힘을 인하여 기뻐하며 주의 구원을 인하여
크게 즐거워 하리이다.
1 The king rejoices in your strength, Lord. How great is
his joy in the victories you give!

2 그 마음의 소원을 주셨으며 그 입술의 구함을 거절치 아니 하
셨나이다.
2 You have granted him his heart's desire and have not
withheld the request of his lips.

11 예수께서 대답하시되 **위에서 주지 아니하셨더면** 나를 해할 권세가
없었으리니 그러므로 나를 네게 넘겨 준 자의 죄는 더 크니라 하시니
11 Jesus answered, "You would have no power over me if it
were **not given to you from above.** Therefore the one who
handed me over to you is guilty of a greater sin."

12 이러하므로 빌라도가 예수를 놓으려고 힘썼으나 유대인들이 소리
질러 가로되 **이 사람을 놓으면 가이사의 충신이 아니니이다.** 무릇 자
기를 왕이라 하는 자는 가이사를 반역하는 것이니이다.
12 From then on, Pilate tried to set Jesus free, but the
Jewish leaders kept shouting, **"If you let this man go,** you are
no friend of Caesar. Anyone who claims to be a king opposes
Caesar."

13 빌라도가 이 말을 듣고 예수를 끌고 나와서 **박석 (히브리 말로 가바다)** 이란 곳에서 재판석에 앉았더라.

13 When Pilate heard this, he brought Jesus out and sat down on the judge's seat at a place known as **the Stone Pavement** (which in Aramaic is Gabbatha).

14 이 날은 **유월절의 예비일이요** 때는 제 육시라 빌라도가 유대인들에게 이르되 보라 너희 왕이로다.

14 It was the day of **Preparation of the Passover;** it was about noon. Here is your king," Pilate said to the Jews.

15 저희가 소리지르되 **없이 하소서 없이 하소서** 저를 십자가에 못 박게 하소서 빌라도가 가로되 내가 너희 왕을 십자가에 못 박으랴 대제사장들이 대답하되 가이사 외에는 우리에게 왕이 없나이다 하니

15 But they shouted, "Take him away! Take him away! Crucify him!" "Shall I crucify your king?" Pilate asked. "We have no king but Caesar," the chief priests answered.

16 이에 예수를 십자가에 못 박히게 저희에게 넘겨 주니라.

16 Finally Pilate handed him over to them to be crucified. **The Crucifixion of Jesus** So the soldiers took charge of Jesus.

17 저희가 예수를 맡으매 예수께서 자기의 십자가를 지시고 해골(**히브리 말로 골고다**)이라 하는 곳에 나오시니

17 Carrying his own cross, he went out to the place of the Skull (**which in Aramaic is called Golgotha**).

18 저희가 거기서 예수를 십자가에 못 박을새 다른 두 사람도 그와 함께 좌우편에 못 박으니 **예수는 가운데 있더라.**

18 There they crucified him, and with him two others—one on each side and **Jesus in the middle.**

19 빌라도가 패를 써서 십자가 위에 붙이니 나사렛 **예수 유대인의 왕**이라 기록되었더라.

19 Pilate had a notice prepared and fastened to the cross. It read: JESUS OF NAZARETH, **THE KING OF THE JEWS.**

20 예수의 못 박히신 곳이 성에서 가까운 고로 많은 유대인이 이 패를 읽는데 **히브리와 로마와 헬라 말로** 기록되었더라.

20 Many of the Jews read this sign, for the place where Jesus was crucified was near the city, and the sign was written **in Aramaic, Latin and Greek.**

21 유대인의 대제사장들이 빌라도에게 이르되 유대인의 왕이라 말고 자칭 유대인의 왕이라 쓰라 하니

21 The chief priests of the Jews protested to Pilate, "Do not write 'The King of the Jews,' but that **this man claimed to be king of the Jews.**"

22 빌라도가 대답하되 나의 쓸 것을 썼다 하니라.

22 Pilate answered, **"What I have written, I have written."**

23 군병들이 예수를 십자가에 못 박고 그의 옷을 취하여 네 깃에 나눠 각각 한 깃씩 얻고 속옷도 취하니 **이 속옷은 호지 아니하고 위에서부터 통으로 짠 것이라.**

23 When the soldiers crucified Jesus, they took his clothes, dividing them into four shares, one for each of them, with the undergarment remaining. This garment was seamless, **woven in one piece from top to bottom.**

24 군병들이 서로 말하되 이것을 찢지 말고 누가 얻나 제비뽑자 하니 이는 성경에 저희가 내 옷을 나누고 **내 옷을 제비뽑나이다** 한 것을 응하게 하려 함이러라. 군병들은 이런 일을 하고

24 "Let' s not tear it," they said to one another. "Let' s **decide by lot** who will get it." This happened that the scripture might be fulfilled that said, **"They divided my clothes among them and cast lots for my garment."** [a Psalm 22:18] So this is what the soldiers did.

25 예수의 **십자가 곁에는** 그 모친과 이모와 글로바의 아내 마리아와 막달라 마리아가 섰는지라.

25 **Near the cross of Jesus** stood his mother, his mother' s sister, Mary the wife of Clopas, and Mary Magdalene.

26 예수께서 그 모친과 사랑하시는 제자가 곁에 섰는 것을 보시고 그 모친께 말씀하시되 **여자여 보소서 아들이니이다** 하시고

26 When Jesus saw his mother there, and the disciple whom he loved standing nearby, he said to her, **"Woman,**[The Greek for Woman does not denote any disrespect] **here is your son,"**

27 또 그 제자에게 이르시되 보라 **네 어머니라** 하신대 그 때부터 그 제자가 자기 집에 모시니라.

27 and to the disciple, **"Here is your mother."** From that time on, this disciple took her into his home.

☛ The Death of Jesus
예수님이 운명하시다

28 이 후에 예수께서 모든 일이 이미 이룬 줄 아시고 성경으로 응하게 하려 하사 가라사대 내가 **목마르다** 하시니

28 Later, knowing that **everything had now been finished,** and so that Scripture would be fulfilled, Jesus said, "I am thirsty."

29 거기 신 포도주가 가득히 담긴 그릇이 있는지라. 사람들이 신 포도주를 머금은 **해융을 우슬초에 매어** 예수의 입에 대니

29 A jar of wine vinegar was there, so they soaked a sponge in it, put the sponge on **a stalk of the hyssop plant,** and lifted it to Jesus' lips.

30 예수께서 신 포도주를 받으신 후 가라사대 **다 이루었다** 하시고 머리를 숙이시고 영혼이 돌아가시니라

30 When he had received the drink, Jesus said, "It is finished." With that, he bowed his head and gave up his spirit.

31 **이 날은 예비일이라** 유대인들은 그 안식일이 큰 날이므로 그 안식일에 시체들을 십자가에 두지 아니하려 하여 빌라도에게 **그들의 다리를 꺾어** 시체를 치워 달라 하니

31 Now it was **the day of Preparation,** and the next day was to be a special Sabbath. Because the Jewish leaders did not want the bodies left on the crosses during the Sabbath, they asked Pilate to have the legs broken **and the bodies taken down.**

32 군병들이 가서 예수와 함께 못 박힌 첫째 사람과 또 그 다른 사람의 다리를 꺾고

32 The soldiers therefore came and **broke the legs of the first man** who had been crucified with Jesus, and then those of the other.

33 예수께 이르러는 **이미 죽은 것을** 보고 다리를 꺾지 아니하고

33 But when they came to Jesus and found that **he was already** dead, they did not break his legs.

34 그 중 한 군병이 창으로 **옆구리를 찌르니** 곧 피와 물이 나오더라.

34 Instead, one of the soldiers **pierced Jesus'** side with a **spear,** bringing a sudden flow of blood and water.

※ 어떻게 물이 나오나? -심장박동 시 물이 나온다.

35 이를 본 자가 증거하였으니 **그 증거가 참이라** 저가 자기의 말하는 것이 참인 줄 알고 너희로 믿게 하려 함이니라.

35 The man who saw it has given testimony, **and his testimony is true.** He knows that he tells the truth, and he testifies so that you also may believe.

36 이 일이 이룬 것은 **그 뼈가 하나도 꺾이우지 아니하리라** 한 성경을 응하게 하려 함이라.(출 12:46 시 34:20)

36 These things happened so that the scripture would be fulfilled: **"Not one of his bones will be broken,"** [Exodus 12:46; Num. 9:12; Psalm 34:20]

37 또 다른 성경에 저희가 그 찌른 자를 보리라 하였느니라.

37 and, as another scripture says, "They will look on the one they have pierced." [d **Zech. 12:10**]

38 **아리마대 사람 요셉이** 예수의 제자나 유대인을 두려워하여 은휘하더니 이 일 후에 빌라도더러 예수의 시체를 가져가기를 구하매 빌라도가 허락하는지라 이에 가서 **예수의 시체를 가져가니라.**

38 Later, **Joseph of Arimathea** asked Pilate for the body of Jesus. Now Joseph was a disciple of Jesus, but secretly because he feared the Jewish leaders. With Pilate's permission, he came and **took the body away.**

39 일찍 예수께 밤에 나아왔던 **니고데모도** 몰약과 침향 섞은 것을 백 근쯤 가지고 온지라.

39 **He was accompanied by Nicodemus,** the man who earlier had visited Jesus at night. Nicodemus brought a mixture of myrrh and aloes, about seventy-five pounds.[Or about 34 kilograms]

40 이에 예수의 시체를 가져다가 유대인의 장례법대로 그 향품과 함께 **세마포로 쌌더라.**

40 Taking Jesus' body, **the two of them wrapped it,** with the spices, in strips of linen. This was in accordance with Jewish burial customs.

41 예수의 십자가에 **못 박히신 곳에 동산이** 있고 동산 안에 아직 사람을 장사한 일이 없는 새 무덤이 있는지라.

41 At the place where Jesus was crucified, **there was a garden,** and in the garden a new tomb, in which no one had ever been laid.

42 이 날은 유대인의 예비일이요 또 무덤이 가까운 고로 **예수를 거기 두니라.**

42 Because it was the Jewish day of Preparation and since the tomb was nearby, **they laid Jesus there.**

Chapter 20. Gospel of John
요한복음 20장 부활

1. 부활 (1-3)

* 사탄은 예수 그리스도의 죽음으로 끝이라고 생각 했다. 그러나 그분의 죽음은 시작입니다. 그것이 부활입니다.

* 성경의 크나 큰 두 가지 기적은 **창조와 부활입니다.**

* 여러 마리아 중 여기 마리아는 7귀신에서 구원 받은 여인으로 **부활의 첫 증인이며 예수님 머리에 향유를 부었던 여인**

2. 마리아는 자기를 부르시는 예수님을 못 알아보았다 (15-18)

안식일 후 첫 날 제자들이 유대인들이 두려워서 문을 닫았는데도 들어오셔서 제자들에게 평강이 있으라 하고 시간과 공간을 초월하는 능력을 보임

3. 말씀하시는 예수 그리스도 (19-23)

그날 지녁 제자들에게 평강. 보냄 성령 받아라. 인정해준다 남자는 자기를 인정해 준 자에게 여자는 사랑하는 자에게 목숨을 바친다.

갈 2:17 만일 우리가 그리스도 안에서 의롭게 되려 하다가 죄인으로 나타나면 그리스도께서 죄를 짓게 하는 자냐? 결코 그럴 수 없느니라.

17 "But if, in seeking to be justified in Christ, we Jews find ourselves also among the sinners, doesn't that mean that Christ promotes sin? Absolutely not!

4. 도마에게 찾아오시는 예수 그리스도를 보면 우리는 보지 않고도 믿는 축복의 성도들입니다.

1 안식 후 첫날 이른 아침 아직 어두울 때에 **막달라 마리아가** 무덤
에 와서 돌이 무덤에서 옮겨 간 것을 보고

1 Early on the first day of the week, **while it was still dark,**
Mary Magdalene went to the tomb and saw that the stone had
been removed from the entrance.

2 시몬 베드로와 예수의 사랑하시던 그 다른 제자에게 달려가서 말
하되 사람이 주를 무덤에서 가져다가 **어디 두었는지** 우리가 알지 못하
겠다 하니

2 So she came running to Simon Peter and the other disciple,
the one Jesus loved, and said, "They have taken the Lord out
of the tomb, and **we don' t know where they have put him!"**

3 베드로와 그 다른 제자가 나가서 무덤으로 갈새

3 So Peter and the other disciple **started for** the tomb.

4 둘이 같이 달음질하더니 **그 다른 제자가 베드로보다** 더 빨리 달아
나서 먼저 무덤에 이르러

4 Both were running, **but the other disciple outran Peter** and
reached the tomb first.

5 구푸려 세마포 **놓인 것을 보았으나** 들어가지는 아니하였더니

5 He bent over and looked in **at the strips of linen** lying
there but did not go in.

6 시몬 베드로도 따라와서 무덤에 들어가 보니 **세마포가 놓였고**

6 Then Simon Peter came along behind him and went straight
into the tomb. **He saw the strips of linen** lying there,

7 또 머리를 쌌던 수건은 세마포와 함께 놓이지 않고 **딴 곳에 개여** 있더라.

7 as well as the cloth that had been wrapped around Jesus' head. The cloth was still lying in its place, separate from the linen.

8 그 때에야 **무덤에 먼저 왔던** 그 다른 제자도 들어가 보고 믿더라.

8 Finally the other disciple, who had reached the tomb first, also went inside. He saw and believed.

9 저희는 성경에 그가 죽은 자 가운데서 다시 살아나야 하리라 하신 말씀을 **아직 알지 못하더라.**

9 They still did **not understand from Scripture** that Jesus had to rise from the dead.

10 Then the disciples **went back to where** they were staying.
10 이에 두 제자가 자기 집으로 **돌아가니라.**

11 마리아는 무덤 밖에 서서 울고 있더니 **울면서 구푸려** 무덤 속을 들여다보니

11 Now Mary stood outside the tomb crying. **As she wept,** she bent over to look into the tomb

12 **흰 옷 입은 두 천사가** 예수의 시체 뉘었던 곳에 하나는 머리 편에, 하나는 발 편에 앉았더라.

12 and saw **two angels in white,** seated where Jesus' body had been, one at the head and the other at the foot.

13 천사들이 가로되 여자여 **어찌하여 우느냐** 가로되 사람이 내 주를 가져다가 어디 두었는지 내가 알지 못함이니이다.

13 They asked her, "**Woman, why are you crying?**" "They have taken my Lord away," she said, "and I don't know where **they have put him.**"

14 이 말을 하고 뒤로 돌이켜 **예수의 서신 것을 보나 예수신 줄** 알지 못하더라.

14 At this, she turned around and saw **Jesus standing there,** but she did not realize that it was Jesus.

15 예수께서 가라사대 여자여 어찌하여 울며 누구를 찾느냐 하시니 마리아는 그가 동산지기인 줄로 알고 가로되 **주여 당신이 옮겨 갔거든** 어디 두었는지 내게 이르소서 그리하면 내가 가져가리이다.

15 He asked her, "Woman, why are you crying? Who is it you are looking for?" Thinking he was the gardener, she said, "Sir, if you **have carried him away,** tell me where you have put him, and I will get him."

16 예수께서 마리아야 하시거늘 마리아가 돌이켜 히브리말로 **랍오니여 하니**(이는 여자가 예수님을 부를 때 선생님이라는 뜻)

16 Jesus said to her, "Mary." She turned toward him and cried out in Aramaic, "Rabboni!" (which means "Teacher").

17 예수께서 이르시되 나를 만지지 말라 내가 **아직 아버지께로 올라가지** 못하였노라. 너는 내 형제들에게 가서 이르되 내가 내 아버지 곧 너희 아버지, 내 하나님 곧 너희 하나님께로 올라간다 하라 하신대

17 Jesus said, "**Do not hold on to me,** for I have not yet ascended to the Father. Go instead to my brothers and tell them, 'I am ascending to my Father and your Father, to my God and your God.'"

18 막달라 마리아가 가서 제자들에게 **내가 주를 보았다** 하고 또 주께서 자기에게 이렇게 말씀하셨다 이르니라.

18 Mary Magdalene went to the disciples with the news: "I have seen the Lord!" And she told them that he had said these things to her.

19 이 날 곧 안식 후 첫날 저녁 때에 제자들이 유대인들을 두려워하여 모인 곳에 문들을 닫았더니 예수께서 오사 가운데 서서 가라사대 **너희에게 평강이 있을지어다.**

19 On the evening of that first day of the week, **when the disciples were together,** with the doors locked for fear of the Jewish leaders, Jesus came and stood among them and said, **"Peace be with you!"**

20 이 말씀을 하시고 손과 옆구리를 보이시니 제자들이 주를 보고 기뻐하더라.

20 After he said this, he showed them **his hands and side.** The disciples were overjoyed when they saw the Lord.

21 예수께서 또 가라사대 **너희에게 평강이 있을지어다.** 아버지께서 나를 보내신 것같이 나도 너희를 보내노라.

21 Again Jesus said, **"Peace be with you!** As the Father has sent me, I am sending you."

22 이 말씀을 하시고 저희를 향하사 숨을 내쉬며 가라사대 **성령을 받으라.**

22 And with that he breathed on them and said, "Receive the Holy Spirit.

23 너희가 뉘 죄든지 **사하면 사하여질 것이요** 뉘 죄든지 그대로 두면 그대로 있으리라 하시니라.

23 If you forgive anyone's sins, **their sins are forgiven;** if you do not forgive them, they are not forgiven."

☛ Jesus Appears to Thomas
도마에게 나타나시다

24 열두 제자 중에 하나인 **디두모라 하는 도마는** 예수 오셨을 때에 함께 있지 아니한지라.

24 Now Thomas **(also known as Didymus[a])**, one of the Twelve, was not with the disciples when Jesus came. a.Thomas (Aramaic) and Didymus (Greek) both mean twin.

25 다른 제자들이 그에게 이르되 우리가 주를 보았노라 하니 도마가 가로되 내가 그 손의 못자국을 보며 내 손가락을 그 못자국에 넣으며 내 손을 그 옆구리에 넣어 보지 않고는 **믿지 아니하겠노라** 하니라.

25 So the other disciples told him, "We have seen the Lord!" But he said to them, **"Unless I see the nail marks in his hands and** put my finger where the nails were, and put my hand into his side, I will not believe."

26 여드레를 지나서 제자들이 다시 집 안에 있을 때에 도마도 함께 있고 문들이 닫혔는데 **예수께서 오사 가운데 서서** 가라사대 너희에게 평강이 있을지어다 하시고

26 A week later his disciples were in the house again, and Thomas was with them. **Though the doors were locked,** Jesus came and stood among them and said, "Peace be with you!"

27 도마에게 이르시되 네 손가락을 이리 내밀어 내 손을 보고 네 손을 내밀어 **내 옆구리에 넣어 보라.** 그리하고 믿음 없는 자가 되지 말고 믿는 자가 되라.

27 Then he said to Thomas, **"Put your finger here; see my hands.** Reach out your hand and put it into my side. Stop doubting and believe."

28 도마가 대답하여 가로되 **나의 주시며 나의 하나님이시니이다.**

28 Thomas said to him, **"My Lord and my God!"**

29 예수께서 가라사대 너는 나를 본 고로 믿느냐 **보지 못하고 믿는 자들**은 복되도다 하시니라.

29 Then Jesus told him, "Because you have seen me, you have believed; blessed are those who have not seen and yet have believed."

30 예수께서 제자들 앞에서 이 책에 기록되지 아니한 다른 표적도 많이 행하셨으나

The Purpose of John's Gospel

30 Jesus performed many other signs in the presence of his disciples, **which are not recorded in this book.**

31 오직 이것을 기록함은 너희로 **예수께서 하나님의 아들 그리스도이심을** 믿게 하려 함이요 또 너희로 믿고 그 이름을 힘입어 생명을 얻게 하려 함이니라.

31 But these are written that you may believe[Or **may continue to believe**] that Jesus is the Messiah, the Son of God, and that by believing you may have life in his name.

Chapter 21. Gospel of John

요한복음 21장 그물을 배 오른편에 던져라

☛ **총체적인 해설**

1. 예수님은 하나님 : 말씀과 빛과 어둠 그리고 생명과 죽음
2. 예수님은 치유자 : 공관복음 비유 많음 이야기 7가지 기사
3. 예수님은 중보자 : 믿음이란 말 98번 요 3:16, 17장은 기도문
4. 예수님은 구원자 : 7가지 정체성으로 만천하에 공포하심

☛ Jesus and miraculous catch of fish

예수님의 기이한 고기잡이

1 그 후에 예수께서 **디베랴 바다**에서 또 제자들에게 자기를 나타내셨으니 나타내신 일이 이러하니라.

1 Afterward Jesus appeared again to his disciples, by the Sea of Galilee.[Greek Tiberias] It happened this way:

2 시몬 **베드로**와 디두모라 하는 **도마**와 갈릴리 가나 사람 **나다나엘**과 세베대의 아들들과 또 **다른 제자 둘**이 함께 있더니

2 Simon Peter, Thomas (also known as Didymus[b]), Nathanael from Cana in Galilee, the sons of Zebedee, and two other disciples were together. ([b]),**Thomas (Aramaic) and Didymus (Greek) both mean twin.**

3 시몬 베드로가 나는 물고기 잡으러 가노라 하매 저희가 우리도 함께 가겠다 하고 나가서 배에 올랐으나 이 **밤에 아무것도 잡지 못하였더니**

3 "I' m going out to fish," Simon Peter told them, and they said, **"We' ll go with you."** So they went out and got into the boat, but that night they caught nothing.

4 날이 새어갈 때에 예수께서 **바닷가에 서셨으나** 제자들이 예수이신 줄 알지 못하는지라.

4 Early in the morning, Jesus stood on the shore, but the disciples **did not realize that it was Jesus.**

5 예수께서 이르시되 애들아 너희에게 고기가 있느냐 대답하되 **없나이다.**

5 He called out to them, "Friends, haven' t you any fish?" **"No,"** they answered.

6 가라사대 그물을 **배 오른편에 던지라** 그리하면 얻으리라 하신대 이에 던졌더니 고기가 많아 그물을 들 수 없더라.

6 He said, **"Throw your net on the right side of the boat** and you will find some." When they did, they were unable to haul the net in because of the large number of fish.

☞ 예수님이 눅 5:4에서는 깊은 데로 가서 그물을 내려 고기를 잡으라(Put out into deep water and let down nets for a catch)하니 고기잡이의 전문가들이 목수인 예수의 말을 듣고 그대로 행하였다. 왜? 그분은 전능하신 하나님이시라는 것을 믿었기 때문입니다.

==

7 예수의 사랑하시는 그 제자가 베드로에게 이르되 **주시라 하니** 시몬 베드로가 벗고 있다가 주라 하는 말을 듣고 겉옷을 두른 후에 바다로 뛰어 내리더라.

7 Then the disciple whom Jesus loved said to Peter, "It is the Lord!" As soon as Simon Peter heard him say, "It is the Lord," he wrapped his outer garment around him **(for he had taken it off)** and jumped into the water.

8 다른 제자들은 육지에서 상거가 불과 **한 오십 간쯤** 되므로 작은 배를 타고 고기 든 그물을 끌고 와서

8 The other disciples followed in the boat, towing the net full of fish, for they were not far from shore, about **a hundred yards.**[c]Or about 90 meters

9 육지에 올라 보니 **숯불이 있는**데 그 위에 생선이 놓였고 떡도 있더라.

9 When they landed, they saw a fire of burning coals there with fish on it, and some bread.

10 예수께서 가라사대 지금 잡은 생선을 좀 가져오라 하신대

10 Jesus said to them, **"Bring some of the fish you have just caught."**

11 시몬 베드로가 올라가서 그물을 육지에 끌어올리니 가득히 찬 큰 고기가 **153마리라** 이같이 많으나 **그물이 찢어지지** 아니하였더라.

11 So Simon Peter climbed back into the boat and **dragged the net** ashore. It was full of **large fish, 153, but even** with so many the net was not torn

12 예수께서 가라사대 와서 조반을 먹으라 하시니 제자들이 주신 줄 아는 고로 당신이 누구냐 감히 묻는 자가 없더라.

12 Jesus said to them, "Come and have breakfast." **None of the disciples dared ask him,** "Who are you?" They knew it was the Lord.

13 예수께서 가셔서 **떡을 가져다가 저희에게** 주시고 생선도 그와 같이 하시니라.

13 Jesus came, took the bread and gave it to them, and **did the same with the fish.**

14 이것은 예수께서 죽은 자 가운데서 살아나신 후에 **세 번째**로 제자들에게 나타나신 것이라. **눅 5장 참조**

14 This was now the third time Jesus appeared to his disciples after he was raised from the dead.

15 저희가 조반 먹은 후에 예수께서 시몬 베드로에게 이르시되 **요한의 아들 시몬아 네가 이 사람들보다 나를 더 사랑하느냐** 하시니 가로되 주여 그러하외다 내가 주를 사랑하는 줄 주께서 아시나이다 가라사대 내 어린 양을 먹이라 하시고

Jesus Reinstates Peter

15 When they had finished eating, Jesus said to Simon Peter, "Simon son of John, do you love me more than these?" "Yes, Lord," he said, "you know that I love you." Jesus said, **"Feed my lambs."**

16 또 두 번째 가라사대 요한의 아들 시몬아 **네가 나를 사랑하느냐**
하시니 가로되 주여 그러하외다 내가 주를 사랑하는 줄 주께서 아시나
이다. 가라사대 내 양을 치라 하시고

16 Again Jesus said, "Simon son of John, do you love me?" He
answered, **"Yes, Lord, you know that I love you."** Jesus said,
"Take care of my sheep."

17 **세 번째** 가라사대 요한의 아들 시몬아 네가 나를 사랑하느냐 하시
니 주께서 **세 번째 네가 나를 사랑하느냐** 하시므로 베드로가 근심하여
가로되 주여 모든 것을 아시오매 내가 주를 사랑하는 줄을 주께서 아시
나이다. 예수께서 가라사대 내 양을 먹이라.

17 **The third time** he said to him, "Simon son of John, do you
love me?" Peter was hurt because Jesus asked him the third time,
"Do you love me?" He said, **"Lord, you know all things;** you
know that I love you." Jesus said, "Feed my sheep

18 내가 진실로 진실로 네게 이르노니 **젊어서는 네가 스스로 띠 띠
고** 원하는 곳으로 다녔거니와 늙어서는 **네 팔을 벌리리니 남이 네게
띠 띠우고** 원치 아니하는 곳으로 데려가리라.

18 Very truly I tell you, **when you were younger** you dressed
yourself and went where you wanted; but when you are old you
will stretch out your hands, and **someone else will dress you** and
lead you where you do not want to go."

19 이 말씀을 하심은 베드로가 **어떠한 죽음으로 하나님께 영광을** 돌
릴 것을 가리키심이러라. 이 말씀을 하시고 베드로에게 이르시되 나를
따르라 하시니

19 Jesus said this to indicate **the kind of death by which
Peter would** glorify God. Then he said to him, "Follow me!"

20 베드로가 돌이켜 예수의 사랑하시는 **그 제자가 따르는 것을** 보니
그는 만찬석에서 예수의 품에 의지하여 주여 주를 파는 자가 누구오니
이까 묻던 자러라.

20 Peter turned and saw that the disciple whom Jesus loved
was following them. (This was the one who had leaned back
against Jesus at the supper and had said, **"Lord, who is going
to betray you?"**)

21 이에 베드로가 그를 보고 예수께 여짜오되 **주여 이 사람은 어떻게
되겠삽나이까?**

21 When Peter saw him, he asked, "Lord, what about him?"

22 예수께서 가라사대 **내가 올 때까지 그를 머물게 하고자 할지라도**
네게 무슨 상관이냐 너는 나를 따르라 하시더라.

22 Jesus answered, **"If I want him to remain alive until I
return,** what is that to you? You must follow me."

23 이 말씀이 형제들에게 나가서 그 제자는 죽지 아니하겠다 하였으
나 예수의 말씀은 **그가 죽지 않겠다 하신 것이 아니라** 내가 올 때까지
그를 머물게 하고자 할지라도 네게 무슨 상관이냐 하신 것이러라.

23 Because of this, the rumor spread among the believers
that this disciple would not die. **But Jesus did not say that he
would not die;** he only said, "If I want him to remain alive
until I return, what is that to you?"

24 이 일을 증거하고 이 일을 **기록한 제자가 이 사람이라** 우리는 그
의 증거가 참인 줄 아노라.

24 This is the disciple who testifies to these things and who
wrote them down. **We know that his testimony is true.**

25 예수의 행하신 일이 이 외에도 많으니 만일 낱낱이 기록된다면 이 세상이라도 **이 기록된 책을 두기에 부족할 줄 아노라.**

25 Jesus did many other things as well. If every one of them were written down, I suppose that **even the whole world would not have room for the books that would be written.**

===

사랑하는 형제자매 독자 여러분!!

여기까지 쓰고 보니 가슴이 벅차서 한마디 해야겠습니다.

하나님이 역사하심은 참으로 오묘합니다. 남들은 원로목사라 해서 물러나는 나이에 이 교회 저 신학교에 초빙강사로 불려 다니게 하시더니 책으로 끝을 맺게 하셨습니다. 젊은 시절 "**물질보다 명예**"를 이라는 좌우명으로 살다보니 평생 큰돈 한 번 만져보지 못하고 살게 하다가 사궁지수 신세가 되는군요.

그러나 이 어인 축복입니까? 하나님이 주신 영어로 통역장교로, 고문관실 행정통역관으로, 무역사로, 열사의 나라 중동과 해외로 뺑뺑돌리시더니 결국 성경에 까지 손을 대게 하여 이런 작품을 만들게 하시다니!! **모든 영광 주 하나님께 돌립니다.**

하나님이 쓰시겠다고 하시면 어떤 방법으로든지 준비하게 하심은 성경에서 보는 여러 선진들의 예표가 있었습니다. 형제자매 여러분!! 그 자리에서 "**주님 내가 여기 있나이다**"하고 소리치면 응답을 하시는 하나님입니다. 아멘

Curriculum Vitae of Rev. Dr. Loyalty Bae

Name in full: 배 충의 裵忠義 Mr. Choong-eay(Loyalty) Bae
Date of birth: 2 August 1942.   Contact: M/P:010-5664-4282
Present Add.: Rm 301, Chongdam-dong 17-15, Gangnam-gu, Seoul

=== Educational Background and Experiences ===

☛ Present: Professor of Global Vision Seminary, Seoul, Korea

☛ Present: Guest lecturer (preacher) to various churches .

☛ Oct 2005: Conferred D.Div. at Westeminster University of Guam, USA

☛ Feb 1998: Finished the Graduate of Christian Theological University

☛ Feb 1973: Graduate school of Business/Adminsitration, Yonsei University

☛ Feb 1966: Graduated from Kyung Hee University (ROTC I.O.4th)

☛ Feb 1962: Graduated from Kwang-ju(光州) Boys High School

=== Major Writings ===

☛ What all about English worship 영어 예배의 모든 것

☛ Shall we pray in English? 영어로 기도 해 볼까요?

☛ Did Jesus Christ speak English? 예수님도 영어를 쓰셨나요?

☛ We'd better read it in English 차라리 영어로 읽자

☛ Sermons of English and Korean 한영 대역 설교 모음집

☛ Lord. what do I look for? 주여 무엇을 바라리오? 등등 多數

I declare that the above statement is true and correct to the best knowledge of mine on this date of 2013. 08. 02

Contact phone: MP 010-5664-4282, E-mail: cebae@hanmail.net

배 충 의
명예목회학 박사 학위수여 행사

요한복음에 나타난 예수님의

일곱 가지 정체성

지은이 : 배충의
펴낸이 : 채주희
펴낸곳 : 엘 맨
초판 1쇄 : 2013. 8. 31.

서울 마포구 신수동 448=6
출판등록 제10-1562(1985. 10. 29)
Tel. 02-6401-7004
Fax. 080-088-7004

값 15,000원

저자와 협의하여 인지를 생략함.